Dagmar Brunsch

Leichte Sprache im Deutschunterricht einsetzen

Grundlagen, Regeln und Anwendungsbeispiele zum Verfassen differenzierter Texte

Gedruckt auf umweltbewusst gefertigtem, chlorfrei gebleichtem und alterungsbeständigem Papier.

1. Auflage 2019
© 2019 PERSEN Verlag, Hamburg
AAP Lehrerfachverlage GmbH
Alle Rechte vorbehalten.

Das Werk als Ganzes sowie in seinen Teilen unterliegt dem deutschen Urheberrecht. Der Erwerber des Werkes ist berechtigt, das Werk als Ganzes oder in seinen Teilen für den eigenen Gebrauch und den Einsatz im Unterricht zu nutzen. Die Nutzung ist nur für den genannten Zweck gestattet, nicht jedoch für einen weiteren kommerziellen Gebrauch, für die Weiterleitung an Dritte oder für die Veröffentlichung im Internet oder in Intranets. Eine über den genannten Zweck hinausgehende Nutzung bedarf in jedem Fall der vorherigen schriftlichen Zustimmung des Verlages.

Sind Internetadressen in diesem Werk angegeben, wurden diese vom Verlag sorgfältig geprüft. Da wir auf die externen Seiten weder inhaltliche noch gestalterische Einflussmöglichkeiten haben, können wir nicht garantieren, dass die Inhalte zu einem späteren Zeitpunkt noch dieselben sind wie zum Zeitpunkt der Drucklegung. Der Persen Verlag übernimmt deshalb keine Gewähr für die Aktualität und den Inhalt dieser Internetseiten oder solcher, die mit ihnen verlinkt sind, und schließt jegliche Haftung aus.

Grafik (digitales Zusatzmaterial): Rebecca Meyer
Satz: L101 Mediengestaltung, Fürstenwalde

ISBN: 978-3-403-20369-8

www.persen.de

Inhaltsverzeichnis

Ein kleiner Leitfaden durch das Werk 5

A Einführung für Lehrkräfte 6
1. Was ist Leichte Sprache? 6
2. Warum Leichte Sprache in Unterricht und Schulleben? 8
3. Zur Verwendung der Kopiervorlagen 10
4. Möglichkeiten zur Einbettung des Themas in den Unterricht 11
   - 4.1 Leichte Sprache als Thema einer Unterrichtseinheit im Deutschunterricht 11
   - 4.2 Das „Lernen am gemeinsamen Gegenstand" als Grundprinzip der Umsetzung von Teilhabe und Bildung in heterogenen Lerngruppen 11
   - 4.3 Förderung der Übertragungskompetenz von bildungssprachlichen Texten in Leichte Sprache als Differenzierungsangebot für Schüler mit besonderer Leistungsfähigkeit im sprachlichen Bereich 12
   - 4.4 Nutzung als Material für eine Arbeitsgemeinschaft zum Thema Leichte Sprache 12
5. Übersicht: Grundregeln für die Anwendung von Leichter Sprache 13
6. Training I 15
7. Training II 18

B Elterninformationen 21
1. Begrüßung zum neuen Schul·jahr 21
2. Einladung zum Eltern·abend 22
3. Einladung zum Eltern·sprech·tag 23
4. Einladung zur Wahl zum Klassen·eltern·rat 24
5. Klassen·fahrt 25
6. Mitteilung über Ihren Sohn / Ihre Tochter 26
7. Leistungen Ihres Sohnes / Ihrer Tochter 27
8. Fehlen in der Schule 28
9. Schul·ordnung: Pünktlichkeit 29
10. Feste Zeiten im Schul·halb·jahr 30
11. Unterricht fällt aus 31
12. Schwimm·unterricht 32
13. Andere Zeiten für den Unterricht 33
14. Schul·sozial·arbeit 34
15. Sport·angebot 35
16. Sport·fest / Spiel·fest 36
17. Tag der Offenen Tür 37
18. Helfen für das Schul·fest 38
19. Hilfe bei Haus·aufgaben 39
20. Wert·sachen 40

Inhaltsverzeichnis

21. Handys in der Schule	41
22. Abholen der Schüler und Schülerinnen von der Schule	42
23. Die Schüler machen ein Spiel	43

C Leichte Sprache im Deutschunterricht: Lesetexte 44

1. a) Ist abschreiben lassen eine Ehrensache? (Grundtext)	44
1. b) Ist abschreiben gut? (Leichte Sprache)	45
2. a) Alkoholismus (Grundtext)	46
2. b) Alkoholismus (Leichte Sprache)	48
3. a) Zwischenfall bei spontaner Aktion (Grundtext)	49
3. b) Kissen·schlacht (Leichte Sprache)	50
4. a) Glück und Aussehen (Grundtext)	51
4. b) Glücklichsein und Aussehen (Leichte Sprache)	52
5. a) Passt das Heiraten in unsere Zeit? (Grundtext)	53
5. b) Heiraten (Leichte Sprache)	55
6. a) Liebe (Grundtext)	56
6. b) Herz·klopfen (Leichte Sprache)	57
7. a) Voll behindert? (Grundtext)	58
7. b) Behindert (Leichte Sprache)	59

D Einführung für Schüler 60

1. Was ist Leichte Sprache?	60
2. Übersicht: Grundregeln für die Anwendung von Leichter Sprache	62
3. Training I	64
4. Training II	69

Lösungsbeispiele: Trainings Kapitel A und D 73

1. Kapitel A – Training I	73
Kapitel A – Training II	75
2. Kapitel D – Training I	78
Kapitel D – Training II	80

Literaturverzeichnis 83

Digitales Zusatzmaterial: – editierbare Word-Dateien der Kapitel B–D
– Bilder zur Illustrierung der Lesetexte

Ein kleiner Leitfaden durch das Werk

Herausforderungen meines (zukünftigen) Alltags als Lehrkraft:

- Ben, ein Schüler mit geistiger Behinderung, kommt in meine Realschulklasse. Wie kann ich Aufgaben so formulieren, dass er sie versteht?
- Die Eltern von Fatime sprechen mich auf dem Schulfest an. Sie sind noch nicht lange in Deutschland und ich kann sie nur mühsam verstehen. Meine eigenen Fragen verstehen sie offenbar gar nicht. Wie soll ich die schriftliche und mündliche Kommunikation unter diesen Voraussetzungen positiv gestalten?
- Ich möchte meinen Schülern[1] einen Deutschunterricht bieten, der Freude an der Entfaltung neuer Kompetenzen und Zugänge zur sprachlichen Umwelt ermöglicht. Wo finde ich innovatives und spannendes Unterrichtsmaterial, das moderne Themen der Welt von heute widerspiegelt?
- Die Anforderungen an meinen persönlichen Einsatz in der Schule wachsen. Wie schaffe ich den Spagat zwischen Differenzierung/Individualisierung und effektiver Unterrichtsvorbereitung im Deutschunterricht ohne zusätzlichen Vorbereitungsaufwand?

Die Kopiervorlagen sind in vier Bereiche untergliedert. In Teil A erhalten Sie grundlegende Informationen über die Leichte Sprache und deren Einsatz im Unterricht. Kapitel B dient einer Erleichterung der Kommunikation mit Schülern sowie Eltern, die die an Ihrer Schule oder Einrichtung üblicherweise praktizierte Bildungssprache nicht sicher beherrschen. Hier werden Sie zum Kommunikationslotsen und helfen Missverständnisse im Vorfeld zu vermeiden. Sie bauen Vertrauen auf und gewinnen die Eltern Ihrer Schüler als Erziehungspartner. In Kapitel C und D sind Ihre Schüler dran. Die Leichte Sprache ist nicht nur mittelbar von Interesse, sondern sorgt auch unmittelbar als innovativer und dennoch mit allen Richtlinien der Länder zu vereinbarendem Unterrichtsgegenstand für besondere Aufmerksamkeit. Schülern, die in den sonderpädagogischen Förderschwerpunkten „Lernen" und „geistige Entwicklung" unterrichtet werden, eröffnet die Leichte Sprache bei Bedarf einen vorentlasteten Kommunikationsraum, der neue Einsichten und Lernprozesse anstoßen kann.

Die Kopiervorlagen erleichtern Lehrkräften aller Schularten den Schulalltag und bieten darüber hinaus ein zukunftsgewandtes, modernes Lernmaterial für alle Schüler.

---

1 Wir sprechen hier wegen der besseren Lesbarkeit von Schülern bzw. Lehrern in der verallgemeinernden Form. Selbstverständlich sind auch alle Schülerinnen und Lehrerinnen gemeint.

A Einführung für Lehrkräfte

1. Was ist Leichte Sprache?

Leichte Sprache bezieht sich auf die Verständlichkeit der Aussprache und des Geschriebenen. Leichte Sprache ist ein Weg, den Menschen, die beim Gebrauch von üblicher Fach- und Bildungssprache bzgl. des Erfassens und des Verstehens von Texten eingeschränkt oder ausgeschlossen sind, Möglichkeiten des Verstehens und damit der Teilnahme und Teilhabe zu eröffnen. Dies bezieht sich vor allem auf Presse-, Gebrauchs- und Informationstexte.

Nach der Ratifizierung des Übereinkommens über die Rechte von Menschen mit Behinderungen der Vereinten Nationen (UN-Behindertenrechtskonvention, UN-BRK) im Jahre 2009 sind auf gesetzlicher Grundlage sprachliche Barrieren zu Bildung und Teilhabe abzubauen. Die Bundesregierung hat 2002 im Behindertengleichstellungsgesetz festgehalten, welche Schritte zur vollen Teilhabe zu gehen sind, und in diesem Zusammenhang festgelegt, dass Internetauftritte von Behörden barrierefrei erreichbar sein müssen, demnach auch in Leichter Sprache zur Verfügung gestellt werden müssen. Die unter dem Titel „Barrierefreie-Informationstechnik-Verordnung, BITV 2.0" zu findende Konkretisierung legt viele auch für Schüler interessante und verständlich formulierte Details fest.

Neben dem Konzept „Leichte Sprache" mit verbindlichen Regeln gibt es die Umsetzungsformen „Einfache Sprache" und „Verständliche Sprache", die im Alltagsgebrauch teilweise nicht unterschieden werden.

Bei der **Leichten Sprache** gibt es festgelegte Regeln. Wichtige Grundlagen zur Produktion von Leichter Sprache sind in diesen Kopiervorlagen als effektives Training für Lehrkräfte und schulische Mitarbeiter aufbereitet (Kapitel A).

In Leichter Sprache geschriebene Werkstücke können durch ein Gütesiegel geschützt werden. Das bekannteste ist das „Easy-to-read-Logo" der Organisation „Inclusion Europe". Das Bundesministerium für Arbeit und Soziales stellt auf seiner Homepage eine Anleitung zur Verfügung, die weiterreichende Prinzipien und Verfahrensweisen der Leichten Sprache aufführt. Zur Führung des Gütesiegels „Leichte Sprache" ist es notwendig, dass mindestens eine von kognitiver Beeinträchtigung betroffene Person den Text gelesen, auf seine Verständlichkeit geprüft und ggf. überarbeitet hat.

Ursprünglich diente die Leichte Sprache dazu, für Menschen mit kognitiver Beeinträchtigung bzw. geistiger Behinderung Texte so zu verfassen, dass ihnen ein sinnentnehmendes Lesen möglich ist. Aufgrund ihrer vereinfachten Struktur bedient sie aber auch weitgehend die Belange weiterer Personenkreise, wie Menschen mit geringen Kenntnissen in der Bildungssprache.

Gestaltungskriterien der Leichten Sprache sind unter anderem:

- Aussagen werden auf ihren Kerngehalt reduziert.
- Zusätzliche Erklärungen können eingebaut werden.
- Ellipsen sind erlaubt und erwünscht.
- Längere Wörter werden beispielsweise durch Bindestrich oder den sogenannten Medio·punkt gegliedert.
- Bezeichnungen für Menschengruppen im Genderstil werden auf die männliche Form reduziert, oder es erfolgt eine Umstellung und die maskuline Bezeichnung steht der femininen vor.
- Die Struktur des Textes ist von einfacher Satzstruktur im Indikativ geprägt.
- Das Schriftbild ist möglichst klar.
- Illustrationen werden so eingesetzt, dass sie möglichst barrierefrei sind.

Die **Einfache Sprache** hingegen bedient sich anderer Prinzipien. Konzipiert für den Adressatenkreis von Menschen mit geringen Kenntnissen in der deutschen Sprache und/oder geringer Lese- und Schreibkompetenz zum Beispiel aufgrund von starker Lese-Rechtschreibschwäche, organischen

A Einführung für Lehrkräfte

Beeinträchtigungen des Gehörs oder Deutsch als Zweitsprache finden die Rechtschreib- und Grammatiknormen volle Umsetzung. Als wichtigstes Gestaltungskriterium gilt:

Die Sachverhalte werden in kurzen Sätzen, mit geringem Einsatz von Fremdwörtern etc. dargestellt und können mit diversen Zusatzhilfen wie ansprechender Illustration, Foto, Text auf Bild etc. ergänzt werden, die eine Sinnentnahme erleichtern sollen.

Die **Verständliche Sprache** wiederum, als eine dritte, hier kurz zu erwähnende Form, bemüht sich lediglich um eine in verständlicher Alltagssprache geschriebene Version mit einem geringen Anteil an Fach- und Bildungssprache. Verständliche Sprache kann und wird von jedem „durchschnittlichen" Sprecher immer wieder produziert, wenn es die Situation erfordert.

Obwohl es bisher jenseits des Behindertengleichstellungsgesetzes und der genannten Barrierefreien-Informationstechnik-Verordnung keine Gesetzesgrundlage gibt, die einen Anspruch auf Vorlage von Informationen in Leichter Sprache formuliert, ist sie ebenso wie die Einfache Sprache, die aufgrund der zunehmenden Anzahl von Menschen mit funktionalem Analphabetismus mehr Umsetzung erfährt, auch jenseits behördlicher Anpassungen von zunehmender Bedeutung mit wachsender Akzeptanz. Außerbehördliche Einrichtungen, Vereine, Institutionen der Lehre und Forschung, Krankenhäuser und selbst Teile der Tourismus- und der Werbeindustrie greifen mittlerweile auf Leichte Sprache als adressatenbezogene Angebotsergänzung zurück.

A Einführung für Lehrkräfte

2. Warum Leichte Sprache in Unterricht und Schulleben?

Eltern und Schüler als Hauptadressaten der organisatorischen und atmosphärischen Bemühungen zur Herstellung guter Voraussetzungen für gelingende Bildungsprozesse sind Repräsentanten gesellschaftlicher Vielfalt. Viele Schüler und auch ihre Eltern haben vorübergehend oder dauerhaft unüberwindbare Schwierigkeiten mit einer zuverlässigen Sinnentnahme bildungssprachlich angebotener Informationen oder Aufgabenstellungen im Unterricht.

Neben der wachsenden gesellschaftlichen Bedeutung und Akzeptanz der Leichten Sprache, die sich auch zunehmend in angebotenen alternativen Elterninformationen durchsetzt (Kapitel B), gibt es in der Schule weitere Situationen, in denen Leichte Sprache oder die Einfache Sprache gewinnbringend angewandt werden kann. Zum einen ist hier der Einsatz in der Bildung von Schülern mit geistiger Behinderung zu nennen. Ein inklusiver Unterricht muss immer auch elementarisiert und auf die Anschlussfähigkeit von Menschen mit umfangreichen kognitiven Beeinträchtigungen heruntergebrochen werden können. In den vorliegenden Kopiervorlagen ist die Übertragung in Leichte Sprache an Materialien zum Einsatz im Deutschunterricht der Sekundarstufe I erfolgt (Kapitel C). Alle Texte werden im digitalen Zusatzmaterial als veränderbare Word-Datei bereitgestellt und sind durch die Lehrkraft selbst veränderbar und anpassbar. Voraussetzung dafür ist das Erlernen wichtiger Herstellungskriterien (Durchlaufen des Trainingsteils in Kapitel A). Die Leichte Sprache bietet darüber hinaus weitere Möglichkeiten im schulischen Einsatz. Die angebotenen Bilder im Zusatzmaterial dienen der unterstützenden Illustration der Lesetexte.

Das Reduzieren von Textabschnitten auf Kernaussagen im Deutschunterricht, eine bewusste adressaten- und textfunktionsbezogene Auswahl der Formulierungen beim Verfassen bzw. Überarbeiten eines schriftlichen Textes sowie die Auseinandersetzung mit Fach- und Bildungssprache sind Aufgaben und Kompetenzen, die so oder so ähnlich in allen curricularen Vorgaben der Länder für den Deutschunterricht in der Sekundarstufe I enthalten sind.

Die Transformation von Texten in Leichte Sprache anzubahnen und der Umgang mit ihnen, Grundlagenwissen und ein Grundverständnis für die Funktionalität, aber auch entsprechende Achtsamkeit im Umgang mit Schwierigkeiten aufzubauen, ohne dabei eine unangemessen weitreichende didaktische Reduktion oder gar Verfälschung der Textaussagen vornehmen zu lassen, sind Zielformulierungen für zukunftsweisende Kompetenzbereiche. Beim einfachen Formulieren geht es im Kern sogar um den Erhalt der Fähigkeit, einmal durchdrungene Sachverhalte in klarer, einfacher Formulierung auszudrücken. Deshalb ist dieses parallel zum Aufbau einer Fach- und Bildungssprache insbesondere in Schulformen durchzuführen, die höhere Bildungsabschlüsse anbieten. Im dialektischen Spannungsfeld von Einfachheit und Komplexität können zudem hervorragend Differenzierungen im angebotenen Unterrichtsstoff und seiner didaktisch-methodischen Umsetzung vorgenommen werden.

Als Gegenstand des Deutschunterrichts fördern Kompetenzen in der Leichten Sprache die Bedingungen für mehr Verständnis für die Belange von Menschen mit kognitiven oder schriftsprachlichen Einschränkungen, die Herausbildung einer inklusiven Haltung und damit in einem weiteren Sinne das gemeinsame Leben und Lernen in der Schule. Im Förderschwerpunkt „geistige Entwicklung" mit einer beträchtlichen Anzahl Betroffener sind viele auf eine Reduktion der sprachlichen Komplexität angewiesen. In zunehmendem Maße werden auch Schüler mit einer geistigen Behinderung in den allgemeinen Schulen des Sekundarbereichs I inklusiv unterrichtet. Sie sind auf gelingende Kommunikationsprozesse mit den Mitschülern, aber auch mit allen Lehrkräften und anderen Mitwirkenden in der Schule angewiesen.

Auch wenn die in diesen Kopiervorlagen geförderte Schriftsprache „Leichte Sprache" nicht ohne Weiteres auf gesprochene Sprache übertragen werden kann, ist es doch sinnvoll, die Achtsamkeit und das Sicherheitsempfinden im sprachlichen Umgang miteinander einzuüben und ggf. beschämende Antwor-

A Einführung für Lehrkräfte

ten, wie sie bei Gebrauch von Kleinkindersprache, die häufiger durch nicht geschulte oder unerfahrene Mitmenschen einem Menschen mit deutlich werdender geistiger Behinderung zugemutet wird, vermeiden zu helfen.

In der öffentlichen Diskussion wird an der Leichten Sprache häufig kritisiert, dass die Transformation eines Textes zu einer Verfälschung der Aussagen führen kann. Da jeder Text jedoch nur einen Ausschnitt der Wirklichkeit zeigt, und selbst jede Rezeption zu verschiedenen Interpretationen auf Leserseite führt, sollte auch einer reduzierten Transformation eines Textes nicht die Berechtigung abgesprochen werden. Allerdings zeichnet sich hier eine besondere Verantwortung ab. Da anders als bei einer Zusammenfassung oder einem Exzerpt in der Regel ein Originaltext für einen Teil einer Personengruppe ersetzt wird und nicht nur eine Ergänzung stattfindet, ist in besonderer Weise darauf zu achten, dass die Absicht des Autors (soweit bekannt), sowie die qualitative und quantitative Äquivalenz der Aussagen wiedergegeben werden. Darüber hinaus sollte grundsätzlich auch der Text in schwerer Sprache allen Rezipienten zusätzlich angeboten und zugänglich gemacht werden.

3. Zur Verwendung der Kopiervorlagen

Die Kopiervorlagen aus Kapitel B erleichtern die Elternarbeit. Das gilt ebenso für eine Nutzung als Informationsgrundlage für (noch) nicht umfänglich deutschsprachig kompetente Schüler, die neu an die Schule kommen.

Die Kopiervorlagen aus Kapitel C können als Teil einer Einheit oder verteilt über mehrere Einheiten im Deutschunterricht eingesetzt werden. Ebenso ist eine Nutzung der Kopiervorlagen im Rahmen einer Projektwoche/-phase oder als Zusatzaufgabe für besonders leistungsstarke Schüler sinnvoll. Für einen Einsatz im Unterricht ist keine besondere Reihenfolge der Bearbeitung einzuhalten. Generell sollten jedoch unbedingt eine theoretische Einführung und die kompletten Übungslektionen aus Kapitel D jeglicher Transformation von Texten oder Textausschnitten durch Schülerhand vorangestellt werden. Die Leichte Sprache ist dann nicht nur Mittel zum Angebot differenzierter Unterrichtsmaterialien, sondern selbst Unterrichtsgegenstand, der themenimmanent den Anforderungen differenzierter Leistungsniveaus gerecht wird. Durch seine Aktualität und zukunftsweisende Bedeutsamkeit trägt er den Forderungen der Nachhaltigkeit auch in den Bildungsthemen der allgemeinen Schulen Rechnung.

Die Materialien für den Deutschunterricht in Kapitel C werden in zwei alternativen Differenzierungsstufen angeboten. Während die Differenzierungsstufe a) eher einem Realschul- bis Gymnasialniveau entspricht, kann die Niveaustufe b) für Hauptschüler oder Schüler mit Unterstützungsbedarf im Förderschwerpunkt „Lernen", und unter Verwendung individueller Hilfsmittel, unter Einsatz des Vorlesens oder Verfahren wie dem sogenannten Tandem-Lesen auch bei vielen Schülern mit geistiger Behinderung eingesetzt werden.

A Einführung für Lehrkräfte

4. Möglichkeiten zur Einbettung des Themas in den Unterricht

4.1 Leichte Sprache als Thema einer Unterrichtseinheit im Deutschunterricht

Die Texte aus Kapitel C lassen sich vielfältig im Deutschunterricht einsetzen, in dem auch Schüler mit großen Lernschwierigkeiten unterrichtet werden. Die verschiedenen Textformen geben im Wesentlichen Elemente aus der Bandbreite üblicher Grundlagenauswahl wieder und können unter der Didaktik und Methodik eines modernen Deutschunterrichts eingesetzt werden. Besonders lohnend ist auch die Nutzung der Texte in Nachfolge einer durchgeführten Einheit, in der Schüler die Struktur- und Produktionsprinzipien Leichter Sprache mittels Trainings (Kapitel D) selbst kennengelernt haben.

Auf der Basis der Überlegungen aus Kapitel A1–A3 dieses Materials kann für die Lerngruppen oder Klassen eine eigenständige Unterrichtseinheit „Leichte Sprache" auf Basis des Kapitel D konzipiert werden. Je nach curricularen Vorgaben des Bundeslands und zeitlicher Begrenztheit der zur Verfügung stehenden Deutschstunden lässt sich diese organisch in den Unterricht ab Klasse 5 integrieren oder bietet sich als „Bonbon" für die Endphase des Schuljahres an, in der keine unmittelbar notenrelevanten Inhalte untergebracht werden müssen. Am Rande des Schülertrainings (Kapitel D) lassen sich grammatikalische und bildungssprachliche Kompetenzen der Schüler wiederholen, reflektieren, schärfen und ggf. erweitern.

Als Beispiel für die Konzeption einer kleinen Unterrichtseinheit im Sekundarbereich bietet sich je nach Schulform und Differenzierungsmöglichkeit folgende Struktur an (Ausrichtung an 90-minütigen Doppelstunden):

1. Einführung in die Leichte Sprache mittels D 1 als Kopiervorlage sowie einem oder mehrerer kleiner Lesetexte in Leichter Sprache aus dem vielfältigen Internetangebot oder mittels der Texte aus Kapitel C
2. Herleitung einiger Regeln der Leichten Sprache anhand von Texten aus dem Internet, Einführung der tabellarischen Übersicht D 2
3. Training zur Leichten Sprache mittels D 3
4. Training zur Leichten Sprache mittels D 4
5. Präsentation erarbeiteter Texte auf der Schulhomepage

4.2 Das „Lernen am gemeinsamen Gegenstand" als Grundprinzip der Umsetzung von Teilhabe und Bildung in heterogenen Lerngruppen

Schüler, die von starken Lernschwierigkeiten (sonderpädagogische Förderschwerpunkte „Lernen" und „geistige Entwicklung") betroffen sind, finden in einer anregungsreichen Umgebung besonders gute Entwicklungs- und Lernbedingungen vor. Im Kontext einer Einführung von Leichter Sprache können sie als „Experten für Leichte Sprache" fungieren und die Texte der Mitschüler kritisch prüfen bzw. freigeben. Nur Leichte Sprache, die den Inhalt verständlich transportiert, ist leicht genug. Als leistungsschwach geltende Schüler erleben sich so in einer wichtigen Rolle, wobei jedoch sehr behutsam darauf zu achten ist, dass dieses Vorgehen nicht zu einer Stigmatisierung führt oder gar vorher unbeachtete Leistungsunterschiede in der Klasse thematisiert.

Die Übungsaufgaben aus Kapitel D können in heterogenen Klassen in der Partnerarbeit oder Kleingruppenarbeit von leistungsgemischten Teams bewältigt und erweitert werden, wenn beispielsweise manche Schüler die Übersetzungsleistungen erbringen, während andere prüfen, ob sie einen Begriff

A Einführung für Lehrkräfte

„immer noch zu schwer finden" oder das schwere Wort zum Beispiel aufgrund seiner Gebräuchlichkeit bevorzugen und als leichter einordnen. Wenn Sie als Lehrkraft auf diese Art und Weise mit den Schülern arbeiten wollen, bietet es sich an, die Tabellen am PC zu bearbeiten und jeweils eine weitere Zeile einzufügen – hier kann dann das in der aktuellen Gruppe/Klasse gebräuchliche oder als „am leichtesten" empfundene Wort eingetragen werden. Darüber hinaus können leicht Memorys gebastelt und eingesetzt werden, in denen immer ein leichtes Wort oder ein Bild/Icon einem schweren Wort zuzuordnen ist. Hierbei ist es hilfreich, wenn nur eindeutig schwere und leichte Begriffe angeboten werden. Für die Umsetzung bieten sich vorbereitete Karten eines ausrangierten konventionellen Memoryspiels an, bei dem die Bildseite mit einer weißen Pappe überklebt wurde.

Es ist davon auszugehen, dass selbst Schüler, die sich weder schrift- noch verbalsprachlich ausdrücken können und auf umfassende Pflege angewiesen sind, bei Begleitung durch das notwendige Personal durch ein gemeinsames Lernen in einer heterogenen Schulklasse „automatisch" aufgrund der Vielzahl der angebotenen Lernwege (z.B. Lernen am Vorbild) und der Lebendigkeit der anderen Kinder weitaus bessere Lernchancen haben als in einem besonderen „Schonraum".

4.3 Förderung der Übertragungskompetenz von bildungssprachlichen Texten in Leichte Sprache als Differenzierungsangebot für Schüler mit besonderer Leistungsfähigkeit im sprachlichen Bereich

Die Übungen aus Kapitel D eignen sich auch hervorragend als eigenständiges Zusatzmaterial für Schüler, die aufgrund hoher Arbeitsgeschwindigkeit und bei guten sprachlich und kognitiv ausgeprägten Fähigkeiten nicht ausreichend mit differenziertem Unterrichtsmaterial versorgt werden können. Diese Schüler können Teil D weitgehend autodidaktisch erlernen und das Erlernte der Gesamtgruppe vorstellen. Durch die Fähigkeit des Produzierens von Leichter Sprache und des Übertragens schwerer Texte und Sachverhalte in leicht verständliche Texte verfügen sie über eine fächerübergreifend nutzbare Kompetenz. Beispielsweise können die Schüler, die Fähigkeiten in der Textproduktion in Leichter Sprache erworben haben, auch im Geografie- oder Religionsunterricht ihre anspruchsvollen, differenzierten (Zusatz-)Aufgaben am Ende der Stunde in Leichter Sprache vortragen. Dieses „Herunterbrechen" der Thematik ermöglicht allen Schülern der Klasse oder Lerngruppe einen zusätzlichen Erkenntnisgewinn aus der Arbeit der im Schulleistungskontext besonders begabten Schüler. In einer innovativen Art und Weise unterstützt es das didaktische Prinzip der Zusammenführung der differenzierten Arbeiten am Ende der Unterrichtsstunde oder der Unterrichtseinheit im Kontext eines gemeinsamen Unterrichtsgegenstandes auf erstaunlich einfache Weise.

4.4 Nutzung als Material für eine Arbeitsgemeinschaft zum Thema Leichte Sprache

Die Materialien können auch für eine jahrgangsübergreifende Arbeitsgemeinschaft „Leichte Sprache" genutzt werden. Zu beachten ist hier, dass neben dem Erlernen grundlegender Prinzipien die Produktion und längerfristige Weiterentwicklung der Kompetenzen im Vordergrund stehen sollten. Neben Projekten wie „Regelmäßige Nachrichten aus der Schule in Leichter Sprache" auf der Schulhomepage oder in der Schülerzeitung bieten sich Kooperationen mit Büros für Leichte Sprache an, in denen Experten die Texte prüfen, oder auch Kooperationen mit der Schulleitung / dem Schulvorstand bei der Übersetzung von Elterninformationen. Ebenfalls kann im öffentlichen Raum nach Nutzern von Texten in Leichter Sprache gesucht werden. Hier bieten sich Einrichtungen wie Altenheime, Kirchen oder Stadtteiltreffs an. Auch das Eröffnen eine Schülerfirma ist in diesem Zusammenhang denkbar, wobei jedoch bei Nutzung im kommerziellen Kontext die Produkte durch ein Büro für Leichte Sprache gestützt werden sollten, die dann auch zur Führung entsprechender Zertifikate auf dem Produkt berechtigen.

A Einführung für Lehrkräfte

5. Übersicht: Grundregeln für die Anwendung von Leichter Sprache

Die wichtigsten Gestaltungskriterien der Leichten Sprache	• Reduzieren Sie Aussagen auf ihren Kerngehalt. • Bauen Sie zusätzliche Erklärungen für schwere oder missverständliche Aussagen ein. • Sie können Ellipsen verwenden. • Reduzieren Sie Bezeichnungen für Menschengruppen im Genderstil oder stellen Sie die Sätze um. Die maskuline Bezeichnung steht der femininen vor. • Strukturieren Sie den Text einfach und schreiben Sie im Indikativ. • Schreiben Sie möglichst mit klarem Schriftbild. • Setzen Sie Illustrationen so ein, dass sie möglichst barrierefrei sind.
Wortebene	• Benutzen Sie einfache Wörter. • Benutzen Sie Wörter, die den Sachverhalt genau beschreiben. • Verwenden Sie bekannte Wörter (Verzicht auf Fremdwörter und Fachwörter). • Erklären Sie schwere Wörter. • Verwenden Sie immer die gleichen Wörter für die gleichen Dinge. • Benutzen Sie kurze Wörter. • Gliedern Sie lange Wörter durch den Medio·punkt. • Verzichten Sie auf Abkürzungen. • Benutzen Sie Verben. • Benutzen Sie Verben im Aktiv. • Vermeiden Sie Redewendungen und bildliche Sprache. • Stellen Sie der weiblichen Bezeichnung die männliche voran.
Satzebene	• Vermeiden Sie den Genitiv. • Vermeiden Sie den Konjunktiv. • Benutzen Sie positive Sprache. • Schreiben Sie kurze Sätze. Machen Sie in jedem Satz nur eine Aussage. • Benutzen Sie einen einfachen Satzbau. • Am Anfang eines Satzes dürfen auch diese Wörter stehen: oder, aber, weil, wenn, und (Konjunktionen). • Sprechen Sie die Leser persönlich an. • Benutzen Sie für Erwachsene die Anrede „Sie". • Vermeiden Sie Fragen im Text. • Schreiben Sie alle Informationen zusammen, die inhaltlich zusammengehören.

A Einführung für Lehrkräfte

Ebene der Zahlen und Zeichen	• Schreiben Sie Zahlen so, wie die meisten Menschen sie kennen. • Vermeiden Sie alte Jahreszahlen. • Benutzen Sie Wörter, die einem alltäglichen, mündlichen Sprachgebrauch entsprechen – z. B. Wörter wie nachts, alt, an Weihnachten, morgen. • Schreiben Sie ein Datum so: 5. Dezember 2018 oder so: 5.12.2018. • Schreiben Sie eine Uhrzeit so: 14:20 Uhr. • Schreiben Sie Telefonnummern mit Leerzeichen und Bindestrich: 05 11 – 89 08 84. • Vermeiden Sie Sonderzeichen, oder erklären Sie das Zeichen.
Hinweise zur Gestaltung und Schrift	• Benutzen Sie eine einfache Schrift ohne Serifen. • Benutzen Sie eine große Schrift. • Lassen Sie genug Abstand zwischen den Zeilen. • Schreiben Sie immer linksbündig. • Beginnen Sie jeden neuen Satz in einer neuen Zeile. • Trennen Sie keine Wörter am Ende einer Zeile. • Schreiben Sie alle Wörter in eine Zeile, die vom Sinn her zusammengehören. • Machen Sie viele Absätze und vergeben Sie Überschriften. • Schreiben Sie eine Adresse so wie auf einem Brief. • Heben Sie wichtige Dinge hervor. • Benutzen Sie dunkle Schrift. • Benutzen Sie dickeres, helles oder mattes Papier. • Benutzen Sie Bilder. • Benutzen Sie scharfe Bilder. • Benutzen Sie eindeutig verstehbare Bilder. • Benutzen Sie Bilder nicht als Hintergrund.

A Einführung für Lehrkräfte

6. Training I

1. Wortebene

Übung: Suchen Sie zum vorgegebenen schweren Wort ein leichtes Wort bzw. zum leichten Wort ein schweres.

schwer	leicht	schwer	leicht	schwer	leicht
Wohnzimmertisch	Tisch	Delikatesse	schmeckt gut	z. B.	zum Beispiel
Presseerzeugnis	Zeitung	Referee	Schieds·richter	Leserinnen und Leser	Leser und Leserinnen
erlitten	leidet	usw.		Courage	
Unwetter		Penne		Facility-manager	
	Turnhalle		heiß		weit weg
	Stift		schön schreiben	Fußmatte	
Leuchtmittel		Aal		Bibliothek	
popelig			Flasche		Note
	verletzen		kaputt		Tür·griff
PPT		Fraktur		homosexuell	
Krakauer		speziell			genau
	Tasche		lesen		klingeln
	Holz·schuh	Mensa		Foyer	
	Ärger		Handy		Essen

© Persen Verlag

A Einführung für Lehrkräfte

2. Satzebene

Übung: Übertragen Sie je nach bereits ausgefüllter Tabellenzeile den Text in Leichte Sprache und berücksichtigen Sie dabei die genannten Kriterien der Satzebene oder formulieren Sie als Ergänzung einen schweren Text.

schwer	Das Verzehren zucker- oder alkoholhaltiger Getränke sowie von Speisen jeglicher Art ist im öffentlichen Nahverkehr der Region untersagt.	Aufgrund des herrlichen Wetters entschieden sie sich zu einem ausgedehnten Spaziergang.
leicht	In diesem Bus ist das Essen verboten. Aber Sie dürfen Wasser trinken.	Das Wetter war schön. Alle wollten lange spazieren gehen.
schwer	Das Sekretariat gibt veränderte Öffnungszeiten für die bevorstehenden Herbstferien bekannt.	
leicht		
schwer		
leicht	Nach der Klassenfahrt ist das Geld alle. Oder es ist noch etwas Geld da. Dann gibt der Klassenlehrer oder die Klassenlehrerin allen etwas Geld zurück.	
schwer	Wir verweisen in Anbetracht der zunehmend gefährlichen Parksituation auf die Straßenverkehrsordnung und auf die jeweils zu Schuljahresbeginn schriftlich aufgezeigten alternativen Haltemöglichkeiten.	
leicht		
schwer		
leicht	Am ersten Schultag kommen alle um 8:00 Uhr. Wer krank ist, muss zu Hause bleiben. Bitte rufen Sie dann so früh wie möglich in der Schule an.	

A Einführung für Lehrkräfte

3. Ebene der Zahlen und Zeichen

Übung: Suchen Sie je nach bereits ausgefüllter Tabellenzeile leichte Schreibweisen, die möglichst alle genannten Kriterien der Ebene der Zahlen und Zeichen berücksichtigen, oder finden Sie als Ergänzung eine schwere Schreibweise.

schwer	leicht	schwer	leicht	schwer	leicht
30.03.12	30.3.2012	5011/10330	05 11 – 10 33 0	acht Uhr	8 Uhr
300 v.Chr.	vor sehr langer Zeit	zukünftig	ab sofort	am 31.12.	an Silvester
Mediopunkt	Der Medio·punkt ist ein Punkt im Wort. Der Punkt hilft beim Lesen.		heute		bald
	1.6.2019		Heiligabend		Zuckerfest
	01 74 – 38 94 76		jetzt	2003 im Januar	
+49 511 4466446		jährlich		Tel.: Berlin 3030830	
20.05.14			9.9.1972		vor Millionen Jahren
	mittags		früher, als es noch keine Menschen gab,		früher, als meine Mutter noch ein Kind war,
	nie		immer wieder zur gleichen Zeit	unverzüglich	
pronto		anno domini		zur letzten Jahrtausendwende	
in zwei Monden		2018-06-01		zügig	

© Persen Verlag

17

A Einführung für Lehrkräfte

7. Training II

Formulieren ohne zu verfälschen

- Sie dürfen einen Text beim Schreiben in Leichter Sprache verändern.
- Texte können zusammengefasst werden. Wenn die Texte zum Beispiel in der Schule benutzt werden. Damit alle Schüler mitarbeiten können.
- Texte können durch Erklärungen länger werden. Das ist bei Informationen wichtig. Oder bei Gesetzen.
- Das Übertragen in die Leichte Sprache sollen Experten machen. Experten kennen sich besonders gut mit dem Thema aus. Ein Experte kennt wichtige Sätze. Und kann sie gut erklären. In der Schule sind die Lehrer Experten für den Unterricht.
- Besondere Experten für Leichte Sprache können den Text kontrollieren.

Übung: Entscheiden Sie sich für die inhaltlich passendste Übertragung in Leichte Sprache.

✓	**Die Schülerschaft hat sich rechtzeitig auf dem Opernplatz einzufinden.**
	Die Schüler und Schülerinnen sollen pünktlich kommen. Das Treffen ist an der Oper.
	Die Schüler und Schülerinnen treffen sich auf dem Opern·platz. Die Schüler und Schülerinnen sollen pünktlich kommen.
	Der Treff·punkt ist der Opern·platz. Alle sollen früh kommen.
✓	**Gemäß aktualisierter untergesetzlicher Regelungen ist das bisherige Vorgehen in unserer Schule abzuändern.**
	Es gibt neue Regeln für die Schulen. Unsere Schule muss das jetzt anders machen.
	Die Schule darf das nicht mehr so weitermachen. Weil es neue untergesetzliche Regelungen gibt.
	Die Schule muss ihr Vorgehen ändern. Es gibt eine neue Bestimmung.
✓	**Die Kinder sind gehalten, den Anweisungen der Lehrkräfte zu folgen.**
	Die Lehrer dürfen bestimmen.
	Die Schüler und Schülerinnen sollen tun, was die Lehrer und Lehrerinnen wollen.
	Die Schüler und Schülerinnen sollen auf die Lehrer und Lehrerinnen hören.

A Einführung für Lehrkräfte

✓	**Für die Weihnachtsfeiertage wünschen wir Ihnen alles Gute und eine besinnliche Zeit!**
	Weihnachten soll schön werden.
	Wir wünschen Ihnen: Frohe Weihnachten. Und besinnliche Tage. Das bedeutet: Sie sollen Zeit und Ruhe haben. Sie sollen nachdenken und sich freuen können.
	Wir wünschen Ihnen alles Gute und Besinnlichkeit zu Weihnachten.
✓	**In der nächsten Woche kommt der Schulzahnarzt und führt eine Reihenuntersuchung durch. Wenn eine Zahnbehandlung durchgeführt werden soll, erhalten die Schülerinnen und Schüler eine Mitteilung.**
	Nächste Woche ist der Zahn·arzt in der Schule. Alle Schüler und Schülerinnen werden untersucht. Die Schüler und Schülerinnen bekommen einen Zettel. Wenn sie zum Zahn·arzt sollen.
	Nächste Woche ist der Zahn·arzt da. Der Zahn·arzt sieht alle Zähne an. Es gibt einen Zettel. Wenn ein Schüler zum Zahn·arzt muss.
	Nächste Woche kommt der Schul·zahn·arzt. Der Zahnarzt schaut alle Zähne an. Der Zahnarzt schaut nur. Der Zahnarzt behandelt nicht. Der Schul·zahn·arzt schreibt auf. Wenn ein Kind zum Zahn·arzt muss.
✓	**Im nächsten Schuljahr werden zwei Förderschullehrkräfte an unserer Schule tätig sein und uns bei der Inklusion unterstützen.**
	Im nächsten Schuljahr kommen 2 neue Lehrer an die Schule. Die 2 neuen Lehrer sind Förder*schul*lehrer. Die 2 Lehrer helfen uns. Die 2 Lehrer helfen den anderen Lehrern. Die 2 Lehrer helfen einzelnen Schülern.
	Im neuen Schul·jahr kommen 2 Förder·schul·lehrer an die Schule. Die Förder·schul·lehrer helfen uns.

A Einführung für Lehrkräfte

	2 Förder·schul·lehrer helfen den Lehrern. 2 Förder·schul·lehrer helfen den Schülern. Damit alle gut lernen können. Im neuen Schul·jahr.
✓	**Wir haben einen Reporter der Zeitung eingeladen. Er hält einen Vortrag über die Situation in unserem Flüchtlingsheim.**
	Ein Mann von einer Zeitung kommt in die Schule. Der Mann erzählt etwas. Über ein Heim. In dem Heim wohnen Menschen aus Afrika. Die Menschen sind nach Deutschland gekommen. Das war gefährlich.
	Ein Reporter von der Zeitung kommt. Der Reporter hält einen Vortrag. Der Reporter spricht über ein Heim. In dem Heim wohnen Flüchtlinge. Die Flüchtlinge sind aus Afrika.
	Wir laden zu einem Vortrag ein. Ein Mann von der Zeitung erzählt etwas. Der Mann spricht über ein Heim. In dem Heim wohnen Menschen aus anderen Ländern.
✓	**Der Förderverein gewährt auf Antrag Zuschüsse zur Klassenfahrt.**
	Eine Klassen·fahrt kostet viel Geld. Der Förder·verein kann helfen. Der Förder·verein kann einen Zuschuss geben.
	Der Förder·verein unterstützt Schüler und Schülerinnen. Der Förder·verein gibt Geld für die Klassen·fahrt. Man muss einen Antrag stellen.
	Der Förder·verein unterstützt Schüler und Schülerinnen. Zum Beispiel bei einer Klassen·fahrt. Der Förder·verein kann Geld dazugeben. Fragen Sie den Förder·verein.

B Elterninformationen

Begrüßung zum neuen Schul·jahr

Herzlich Willkommen zum neuen Schul·jahr!

Frau Schröder bleibt die Klassen·lehrerin.

Alle Schüler und Schülerinnen sind in der Klasse geblieben.

Wir haben einen neuen Schüler.

Er heißt Toke.

Wir begrüßen den neuen Schüler Toke.

Es gibt viel Neues in der Schule.

Es gibt Neues in unserer Klasse.

Frau Cramer ist Lehrerin für Mathematik.

Herr Jessel ist Lehrer für Physik.

Frau Cramer und Herr Jessel kommen zum Eltern·abend.

Frau Cramer stellt sich vor.

Frau Cramer redet über Mathematik.

Herr Jessel stellt sich vor.

Her Jessel redet über Physik.

Der Eltern·abend ist am

_____ .

Der Eltern·abend ist von 19 bis 21 Uhr.

Die Schüler haben wieder 2 Stunden Sport.

Die Kinder müssen Wasser beim Sport trinken.

Bitte geben Sie Ihrem Kind Wasser mit.

Sie können mich an·rufen.

Wenn Sie Fragen haben.

Wenn Sie etwas wünschen.

Meine Telefon·nummer:

_____

Sie können zur Schule kommen.

Wenn Sie Fragen haben.

Ich wünsche Ihrem Kind alles Gute.

Ihr Kind soll gut lernen.

Ihr Kind soll viel Freude im neuen Schul·jahr haben.

Ich wünsche Ihnen viel Freude mit Ihrem Kind.

B Elterninformationen

Einladung zum Eltern·abend

Am _____ ist der Eltern·abend der Klasse _____.

Der Eltern·abend ist von _____ bis _____ Uhr.

Der Eltern·abend ist im Klassen·zimmer.

Die Lehrer stellen sich vor.

Die Lehrer sprechen über den Unterricht.

Der Klassen·lehrer redet über die Klasse.

Die Klassen·lehrerin erzählt über die Klassen·fahrt.

Die Eltern können Fragen stellen.

Die Eltern können über Wünsche sprechen.

Die Eltern können sich kennen·lernen.

Der Eltern·abend soll gemütlich sein.

Die Eltern können Tee trinken.

Bitte kommen Sie.

Das ist wichtig für die Kinder.

Im Schul·jahr sind nur zwei Eltern·abende.

Bitte ab·schneiden.

Bitte beim Klassen·lehrer ab·geben.

- ✂

Bitte kreuzen Sie an:

☐ Ich komme.

☐ Ich komme nicht.

Mein Kind heißt: _____

Ich bringe noch jemanden mit: _____

B Elterninformationen

Einladung zum Eltern·sprech·tag

Am _____ ist der Eltern·sprech·tag.

Für die Klassen _____ und _____.

Der Eltern·sprech·tag ist von _____ bis _____ Uhr.

Die Eltern können mit den Lehrern sprechen.

Das ist wichtig.

Die Eltern lernen die Lehrer kennen.

Die Eltern können von ihrem Kind erzählen.

Die Lehrer können von den Schülern erzählen.

Die Lehrer können vom Unterricht erzählen.

Die Eltern können Fragen stellen.

Die Eltern können Vorschläge machen.

Eine Tabelle mit Sprech·zeiten:

	14:00 bis 15:30 Uhr	15:30 bis 17:00 Uhr	17:00 bis 18:30 Uhr
Frau Ehrhardt			
Frau Rieke			
Herr Schulte			
Herr Arslan			

Name des Kindes: _____

Wählen Sie bitte die Zeit aus.

Machen Sie bitte ein Kreuz bei jedem Lehrer.

Bitte geben Sie diesen Zettel ausgefüllt Ihrem Kind mit.

Sie bekommen eine genaue Zeit.

Bitte geben Sie den Zettel bald zurück.

Auf Wieder·sehen beim Eltern·sprech·tag.

B Elterninformationen

Einladung zur Wahl zum Klassen·eltern·rat

Wir laden zur Wahl zum Klassen·eltern·rat ein.

Jede Klasse hat einen Klassen·eltern·rat.

Im Klassen·eltern·rat sind 3 oder 4 Eltern.

Die Eltern einer Klasse wählen.

Die gewählten Eltern bestimmen mit.

Zum Beispiel bei: _____

Die Eltern sind die Vertreter für die anderen Eltern.

Die Vertreter helfen mit.

Zum Beispiel bei: _____

Die Vertreter reden mit den anderen Eltern.

Die Vertreter reden mit den Lehrern.

Der Termin: Am _____

um _____ Uhr.

Bitte kommen Sie zur Wahl.

Sie können sich wählen lassen.

Wir wählen mehrere Vertreter:

1 Eltern·vertreter oder 1 Eltern·vertreterin

1 Stell·vertreter oder 1 Stell·vertreterin

Vertreter für die Unterrichts·fächer

Die Eltern·vertreter gehören zum Schul·eltern·rat.

Die Eltern·vertreter bestimmen bei vielen Sachen mit.

Zum Beispiel bei den Themen:
- Haus·aufgaben
- Zusammen·leben in der Klasse
- Unterricht
- Kauf von Sachen für den Unterricht
- Feste und Feiern
- Klassen·fahrten
- Mittag·essen in der Schule

Die Schule braucht die Elternvertreter.

Wir laden Sie herzlich ein.

B Elterninformationen

Klassen·fahrt

Die Klassen _____ und _____ machen eine Klassen·fahrt.

Wir haben einen Plan:

Wir fahren nach _____.

Wir fahren mit dem Bus.

Wir gehen in ein Schloss.

Wir gehen in einen Park.

Wir spielen im Park.

Wir gehen in eine Fabrik.

Wir besuchen einen Film·park.

Im Film·park sehen wir Filme.

Wir machen viele andere Sachen.

Am _____ kommt der Bus.

Der Bus fährt bei der Schule ab.

Der Bus fährt um _____ Uhr ab.

Drei Stunden später sind wir in _____.

Wir bleiben 4 Tage in _____.

Am _____ fahren wir zurück.

In _____ wohnen wir in der Jugend·herberge.

Wir haben schöne Räume in der Jugend·herberge.

Wir essen in der Jugend·herberge.

Die Kinder bekommen einen Zettel.

Auf dem Zettel stehen Sachen.

Die Sachen muss Ihr Sohn / Ihre Tochter mitnehmen.

Feste Schuhe sind wichtig.

Eine warme Jacke ist wichtig.

Handys bleiben zu Hause.

Die Lehrer können Sie an·rufen.

Sie können die Lehrer an·rufen.

Die Nummer: _____

Bitte nur im Not·fall an·rufen.

Die Klassen·fahrt kostet _____ Euro.

Bitte über·weisen Sie das Geld:

IBAN: _____

BIC: _____

Es gibt Unterstützung.

Fragen Sie in der Schule.

Am _____ um _____ Uhr ist ein Eltern·abend.

Wir sprechen über die Klassen·fahrt.

Herzlich willkommen!

B Elterninformationen

Mitteilung über Ihren Sohn / Ihre Tochter

Wir schreiben über Ihren Sohn _____ / Ihre Tochter _____ .

Ihr Sohn / Ihre Tochter

☐ ist zu spät zur Schule gekommen.

☐ hat Schimpf·wörter gesagt.

☐ war zu laut im Unterricht.

☐ hat einen Schüler / eine Schülerin geschlagen.

☐ hat die Lehrerin beleidigt.

☐ hat die Haus·aufgaben nicht gemacht.

☐ hat die Schul·sachen nicht mit·gebracht.

☐ macht im Unterricht nicht mit.

☐ ist oft müde im Unterricht.

☐ hält sich nicht an die Regeln.

☐ geht in der Pause vom Schul·hof.

☐ hat in der Schule geraucht.

☐ _____ .

Das Verhalten stört den Unterricht.

Das darf nicht sein.

Wir müssen vielleicht/einmal darüber reden.

Bitte rufen Sie in der Schule an.

Bitte füllen Sie den Abschnitt aus.

Geben Sie den Abschnitt Ihrem Kind mit.

--✂

Ich habe die Mitteilung gelesen.

Name: _____   Datum: _____

Klasse: _____   Unter·schrift: _____

B Elterninformationen

Leistungen Ihres Sohnes / Ihrer Tochter

Die Kinder lernen in der Schule.

Die Kinder müssen viel lernen.

Manche Kinder lernen gut.

Die Leistungen sind gut.

Manche Kinder lernen schlecht.

Die Leistungen sind nicht gut.

Die Leistungen von _____ sind schlecht.

Die Leistungen von _____ müssen besser sein.

Es geht um die Leistungen in

_____

_____

_____

Ich möchte mit Ihnen reden.

Ich möchte mit Ihnen darüber reden:

☐ mündliche Leistungen

☐ schriftliche Leistungen

☐ Haus·aufgaben

☐ Mit·arbeit

☐ Arbeits·hefte

Bitte rufen Sie an.

Telefon: _____

Wir suchen eine Zeit für ein Gespräch.

Ihr Sohn / Ihre Tochter soll bei dem Gespräch dabei sein.

B Elterninformationen

Fehlen in der Schule

Kinder müssen zur Schule gehen.

Wenn die Kinder gesund sind.

Kranke Kinder müssen zu Hause bleiben.

Kranke Kinder dürfen nicht zur Schule kommen.

Sonst werden andere Kinder krank.

Die Schule muss das schnell wissen.

Bitte rufen Sie in der Schule an.

Wenn Ihr Kind krank ist.

Bitte rufen Sie vor dem Unterricht an.

Die beste Zeit ist um 7:45 Uhr.

Die Telefon·nummer ist _____ .

Die Schule braucht ein Schreiben von Ihnen.

Damit melden Sie die Krankheit.

Und wie lange die Krankheit dauert.

Ihr Kind kann das Schreiben mitbringen.

Wenn es wieder gesund ist.

Die Schule braucht einen Schein von einem Arzt.

Wenn die Krankheit lange dauert.

B Elterninformationen

Schul·ordnung: Pünktlichkeit

Die Schüler müssen in der Klasse sein.

Wenn die Unterrichts·stunde anfängt.

Die Uhr·zeit steht im Stunden·plan.

Die Schüler müssen recht·zeitig kommen.

Die Schüler müssen pünktlich sein.

Die Lehrerin muss pünktlich sein.

Die Schüler dürfen nicht zu spät kommen.

Das stört den Unterricht.

Der Unterricht kann anfangen.

Wenn alle Schüler da sind.

Die Schüler sollen früh da sein.

Am Anfang klingelt es.

Die Schüler sollen 5 Minuten vor dem Klingeln da sein.

Ihr Sohn / Ihre Tochter muss pünktlich sein.

Bitte reden Sie mit Ihrem Sohn / Ihrer Tochter darüber.

B Elterninformationen

Feste Zeiten im Schul·halb·jahr

Für das Schul·halb·jahr gibt es feste Termine.

_____ Erster Schul·tag nach den Ferien.

- Unterricht bei der Klassen·lehrerin.
- Der Unterricht dauert 5 Stunden.
- Es gibt einen Stunden·plan.

_____ Eltern·sprech·tag

_____ Sport·fest mit Schul·fest

_____ Herbst·ferien

_____ Praktikum

_____ Klassen·fahrt

_____ Advents·feier

_____ Weihnachts·ferien

_____ Zeugnisse

- Der Unterricht endet nach der 3. Stunde.

_____ Ferien

B Elterninformationen

Unterricht fällt aus

Am _____ fällt der Unterricht den ganzen Tag aus.

Die Lehrer und Lehrerinnen sind nicht in der Schule.

Die Lehrer und Lehrerinnen lernen.

Die Lehrer und Lehrerinnen machen eine Fort·bildung.

Das ist gut für die Schüler und Schülerinnen.

Die Schüler und Schülerinnen haben am _____ schul·frei.

Bitte behalten Sie Ihr Kind zu Hause.

Bitte rufen Sie an.

Wenn Sie keine Betreuung haben.

B Elterninformationen

Schwimm·unterricht

Schwimmen ist wichtig.

Die Kinder müssen schwimmen können.

Wenn sie in tiefes Wasser fallen.

Die Schüler sollen schwimmen lernen.

Die Schüler lernen schwimmen im Sport·unterricht.

Für das Schwimmen gibt es Kleidung.

Mädchen brauchen einen Bade·anzug.

Jungen brauchen eine Bade·hose.

Mädchen und Jungen brauchen eine Bade·kappe.

Die Bade·kappe ist für die Haare.

Schwimmen ist jeden Donnerstag.

Manche Mädchen oder Jungen können nicht dabei sein.

Weil sie krank sind.

Weil es einen anderen Grund gibt.

Bitte geben Sie einen Zettel mit.

Auf dem Zettel soll der Grund stehen.

Mein Sohn _____ / Meine Tochter _____

kann am _____

nicht am Schwimm·unterricht teilnehmen.

Grund: _____

Unter·schrift: _____

B Elterninformationen

Andere Zeiten für den Unterricht

Der Stunden·plan ändert sich für die nächste Woche.

Einige Lehrer sind krank.

Ein Lehrer ist zur Fort·bildung.

Es fallen Unterrichts·stunden aus.

Die Zeiten sind verändert.

Unten steht der Beginn an jedem Tag.

Unten steht das Ende an jedem Tag.

Der Plan ist für die nächste Woche.

Tag	Beginn	Ende
Montag		
Dienstag		
Mittwoch		
Donnerstag		
Freitag		

Bitte rufen Sie in der Schule an.

Wenn Sie keine Betreuung für Ihr Kind haben.

Wenn kein Unterricht ist.

B Elterninformationen

Schul·sozial·arbeit

Viele Kinder gehen gern in die Schule.

Einige Kinder gehen nicht gern in die Schule.

Einige Kinder haben Angst in der Schule.

Einige Kinder haben Sorgen in der Schule.

Einige Eltern haben Sorge um ihre Kinder in der Schule.

Wie geht es Ihrem Kind in der Schule?

Hat Ihr Kind Schwierigkeiten?

Hat Ihr Kind Schwierigkeiten im Unterricht?

Vielleicht haben Sie eine Frage.

Vielleicht haben Sie eine Idee.

Vielleicht können Sie den Lehrern helfen.

Dann kommen Sie bitte in die Schule.

Die Schule hat eine Hilfe bekommen.

Frau Müller ist unsere Hilfe.

Frau Müller kann uns helfen.

Frau Müller macht Schul·sozial·arbeit.

Schul·sozial·arbeit hilft den Schülern.

Die Schüler können zu Frau Müller gehen.

Die Schüler können mit Frau Müller sprechen.

Frau Müller spricht mit den Schülern.

Frau Müller spricht mit den Lehrern.

Frau Müller spricht mit dem Jugend·amt.

Schul·sozial·arbeit hilft den Schülern.

Schul·sozial·arbeit hilft den Eltern.

Schul·sozial·arbeit unter·stützt die Schüler.

Die Eltern können an·rufen.

Wenn sie Fragen haben.

Wenn sie Wünsche haben.

Die Telefon·nummer: _____

B Elterninformationen

Sport·angebot

Es gibt viele Angebote in der Schule.

Die Angebote sind am Nach·mittag.

Bald gibt es ein neues Angebot.

Der Sport·verein hilft uns.

Ein Trainer kommt.

Die Schüler können turnen.

Die Schüler können Sport·spiele machen.

Am Dienstag und am Donnerstag.

Von 16:00 bis 17:30 Uhr am Dienstag.

Von 15:30 bis 17:00 Uhr am Donnerstag.

Das erste Mal ist am _____ .

Das Turnen ist in unserer Halle.

Das Angebot ist frei·willig.

Die Kinder müssen nicht mit·machen.

Das erste Mal ist am Tag nach den Herbst·ferien.

Mit·machen bringt viel Spaß.

Möchte Ihr Sohn / Ihre Tochter mit·machen?

Fragen Sie bitte Ihr Kind.

Bitte füllen Sie den Zettel aus.

Bitte geben Sie den Zettel zurück.

- ✂

Bitte nur ein Kreuz machen.

Mein Sohn _____ / Meine Tochter _____

☐ macht beim Sport mit.

☐ macht beim Sport nicht mit.

Unter·schrift: _____

© Persen Verlag

B Elterninformationen

Sport·fest / Spiel·fest

Die Schule will ein Fest feiern.

Ein Sport·fest oder ein Spiel·fest.

Alle Schüler und Schülerinnen sollen Spaß haben.

Die Eltern sollen mit·machen.

Alle Eltern können helfen.

Die Schule braucht viele Helfer.

Wer möchte mithelfen?

Wir laden alle Eltern ein.

Wir wollen zuerst über das Fest reden.

Es gibt viele Fragen.

Wann soll das Fest sein?

Was wollen wir machen?

Was brauchen wir?

Wer kann etwas tun?

Wir laden zu einem Gespräch ein.

Das Gespräch ist am _____ um _____ Uhr in der Schule.

Das Gespräch dauert 2 Stunden.

Wir freuen uns auf Sie!

B Elterninformationen

Tag der Offenen Tür

Am _____ ist ein Tag der Offenen Tür.

Die Schule ist für alle Besucher offen.

Offene Tür ist von _____ bis _____ Uhr.

Alle Schüler und Schülerinnen können kommen.

Alle Eltern können kommen.

Alle Freunde können kommen.

Die Lehrer wollen die Schule zeigen.

Die Schüler und Schülerinnen wollen die Schule zeigen.

Die Schüler und Schülerinnen sind stolz auf die Schule.

Die Lehrer und Lehrerinnen beantworten alle Fragen.

Die Lehrer und Lehrerinnen zeigen alle Räume.

Es gibt viel zu sehen.

Es gibt viel zu machen.

Plakate aus dem Unterricht.

Aufsätze von den Schülern.

Berichte aus dem Praktikum.

Tänze in der Sport·halle.

Bilder aus dem Kunst·unterricht.

Singen in der Aula.

Herr Ehrhardt zeigt einen Film von der Klassen·fahrt.

Basteln und Blumen binden.

Kaffee und Kuchen auf dem Schul·hof.

Spiele für Kinder unter 6 Jahren.

Der Förder·verein stellt sich vor.

Wir laden Sie herzlich ein!

Wir freuen uns auf Ihren Besuch!

B Elterninformationen

Helfen für das Schul·fest

Am _____ ist das Schul·fest.

Wir suchen Hilfe.

Wer kann helfen?

Wer kann Kuchen verkaufen?

Wer kann Wasser verkaufen?

Wir brauchen Wasser.

Wir brauchen Kuchen.

Wir brauchen viel zu trinken.

Wir brauchen viel zu essen.

Wer kann Tee·beutel mitbringen?

Wer kann Kaffee·pulver mitbringen?

Wer möchte Tee kochen?

Wer möchte Kaffee kochen?

Wer kann Kuchen mitbringen?

Wer kann Salat mitbringen?

Wer hat etwas anderes für das Essen?

Wer kann Wasser mitbringen?

Wer kann Apfel·saft mitbringen?

Den Kuchen wollen wir verkaufen.

Den Salat wollen wir verkaufen.

Tee und Kaffee wollen wir verkaufen.

Das Geld ist für den Förder·verein.

Alles bitte 1 Tag vor dem Fest mitbringen.

Salate bitte am Fest·tag mitbringen.

Achtung: Alkohol ist verboten.

Bitte den Zettel abgeben.

Bitte kreuzen Sie an:

☐ Ich kann mithelfen.

☐ Ich kann Kuchen verkaufen.

☐ Ich kann etwas anderes: _____

☐ Ich möchte 1 Kuchen mitbringen.

☐ Ich möchte Kaffee·pulver mitbringen.

☐ Ich möchte Tee·beutel mitbringen.

☐ Ich möchte etwas anderes mitbringen: _____

Name: _____

B Elterninformationen

Hilfe bei Haus·aufgaben

Die Schule macht ein neues Angebot.

Die Schüler können die Haus·aufgaben in der Schule machen.

Die Schüler bekommen Hilfe.

Das Angebot ist am Nach·mittag.

Das Angebot ist frei·willig.

Die Schüler müssen nicht teil·nehmen.

Die Schüler können teil·nehmen.

Wochen·tage: Montag, Dienstag, Donnerstag.

Zeit: 15:00 Uhr bis 16:30 Uhr

Ort: im Klassen·raum

Frau Schmidt und Herr Janssen betreuen die Schüler.

Bitte melden Sie Ihr Kind an.

Wenn Sie das Angebot gut finden.

Beginn: Nach den Herbst·ferien.

Bitte geben Sie den Zettel Ihrem Kind mit.

--✂

Bitte machen Sie ein Kreuz:

☐ Mein Sohn / Meine Tochter _____ macht mit.

☐ Mein Sohn / Meine Tochter _____ macht nicht mit.

Bitte unter·schreiben Sie: _____

B Elterninformationen

Wert·sachen

Ein Handy kostet viel Geld.

Schöner Schmuck kostet viel Geld.

Handy und Schmuck sind teuer.

Handy und Schmuck sind Wert·sachen.

Wert·sachen sollen zu Hause bleiben.

Wert·sachen sollen nicht in der Jacke sein.

Wert·sachen sollen nicht in der Tasche sein.

Wert·sachen gehören nicht in die Schule.

Jemand kann die Wert·sachen wegnehmen.

Jemand kann die Wert·sachen stehlen.

Ihr Kind kann die Wert·sachen verlieren.

Wert·sachen werden nicht ersetzt.

Wenn sie verloren sind.

Wenn sie gestohlen sind.

B Elterninformationen

Handys in der Schule

Viele Menschen haben ein Handy.

Viele Schüler haben ein Handy.

Viele Schüler nehmen das Handy in die Schule mit.

In der Schule gibt es Regeln.

Was man darf.

Was man nicht darf.

1. Die Schüler dürfen ein Handy mitbringen.
2. Die Schüler müssen das Handy ausschalten.
3. Die Schüler müssen selbst auf das Handy aufpassen.
4. Die Schüler dürfen das Handy benutzen.
   Wenn der Lehrer das erlaubt.
5. Die Schüler müssen den Lehrer fragen.
6. Fotos mit dem Handy sind verboten.

Bitte reden Sie mit Ihrem Kind.

Der Lehrer nimmt das Handy.

Wenn der Schüler Fotos macht.

Dann müssen die Eltern das Handy in der Schule abholen.

B Elterninformationen

Abholen der Schüler und Schülerinnen von der Schule

Viele Eltern holen ihre Kinder von der Schule ab.

Viele Eltern kommen mit dem Auto.

Die Eltern holen ihr Kind mit dem Auto ab.

Die Autos fahren vor die Schule.

Das ist manchmal gefährlich.

Vor der Schule ist wenig Platz.

Ein Unfall kann passieren.

Die Autos sollen auf den Park·platz.

Bitte fahren Sie nicht vor die Schule.

Mit dem Auto geht es schnell nach Hause.

Viele Kinder können aber auch zu Fuß gehen.

Das ist gut für die Kinder.

Sie bewegen sich.

Sie können mit anderen Kindern sprechen.

B Elterninformationen

Die Schüler machen ein Spiel

Die Schüler machen ein Spiel in der Schule.

Die Schüler spielen am _____ vor den Ferien.

Das Spiel heißt Rallye.

Rallye ist ein spannendes Spiel.

Die Schüler treffen sich am _____ mit dem ____. Jahrgang.

Die Schüler treffen sich um _____ Uhr vor der Schule.

Vor der Schule wartet ein Bus.

Die Schüler fahren zum Stadt·park.

Die Schüler suchen versteckte Sachen.

4 Kinder sind in einer Gruppe.

Die Gruppe soll viele Sachen finden.

Die Gruppe hat 2 Stunden Zeit.

Wer findet die meisten Sachen?

Das sind die Sieger.

Die Sieger bekommen einen Preis.

Um _____ Uhr fährt der Bus zurück.

Der Bus hält bei der Schule.

Die Schüler brauchen Geld für 2 Fahr·karten.

Die Schüler brauchen bequeme Schuhe.

Wir laden zu einem Gespräch über das Spiel ein.

Das Gespräch ist am _____ von _____ Uhr bis _____ Uhr in der Schule.

Wir begrüßen gern alle Eltern.

Ist abschreiben lassen eine Ehrensache?

Jeden Tag tausendmal in deutschen Schulen: Es ist mucksmäuschenstill in der Klasse. Über ihre Hefte gebeugt sitzen die Mädchen und Jungen. Klassenarbeit. Mathearbeit. Man sieht angestrengte Köpfe, wenn mal einer mit verschwitztem Gesicht hochschaut. In der vorletzten Reihe schaut einer angestrengt auf seine Hand. Ob der Lehrer merkt, dass er sich dort die wichtigsten Formeln aufge-
5 schrieben hat? Kurz darauf kassiert der Lehrer einen Spickzettel, den einer zu auffällig weitergeschoben hat.

Alltag bei Klassenarbeiten – und das seit Generationen. Und auch das ist bekannt: Einer will bei seinem Nachbarn abgucken, schielt auf dessen Heft. Der aber hält die Hand davor, dass seine Lösungswege nicht erkennbar werden.

10 Ist das in Ordnung? Schüler sollen doch hilfsbereit sein, einander unterstützen und zusammenarbeiten. Es ist doch Ehrensache, abschreiben zu lassen, oder?

Ja, aber nur ein bisschen. Wenn der Nachbar in Not ist und nicht mehr weiterweiß, dann ist das ganz vielleicht in Ordnung. Gute Lehrer schauen schon mal eine Weile weg, tun jedenfalls so. Aber so ganz in Ordnung ist das doch nicht. Warum?

15 Es gibt mehrere Gründe, Klassenarbeiten schreiben zu lassen. Die Schüler sollen nachweisen, ob sie die Aufgaben verstehen und lösen können. Sie sollen ihre persönliche Leistung nachweisen – und das auch im Vergleich mit den Mitschülern. Eine abgeschriebene Lösung ist jedenfalls nicht die Leistung, die abgefragt wird. Also wird das Ergebnis der Klassenarbeit verfälscht. Derjenige, der nicht gelernt hat, erhält unter Umständen die gleiche Note wie der, der fleißig war. Gerechtigkeit sieht anders aus!

20 Klassenarbeiten dienen aber nicht nur dem Nachweis einer persönlichen Leistung. Mit den Arbeiten wird auch geprüft, ob der Lernstoff angeeignet wurde. Wenn das der Fall ist, kann der weitere Unterricht darauf aufbauen. Da hat derjenige, der nur abgeschrieben hat, ohne die Aufgabe selbst lösen zu können, eine gute Chance, beim nächsten Mal wieder auf das Heft des Nachbarn schielen zu müssen. Also: Mal ein bisschen linsen ist schon okay, aber viel und dauernd abzukupfern ist Blödsinn. Das ist
25 nicht nur ein Betrug gegenüber dem Lehrer, sondern an sich selbst, oder? Man könnte ja in der Klasse klären, wie man damit umgehen kann, wenn man bei einem Test oder bei einer Arbeit nicht mehr weiterweiß und plötzlich zwanghaft nach links oder rechts schauen will.

C Leichte Sprache im Deutschunterricht: Lesetexte

Ist abschreiben gut?

In der Schule ist es still.

Die Schüler und Schülerinnen schreiben eine Klassen·arbeit.

Die Schüler und Schülerinnen rechnen.

Die Aufgaben sind schwer.

Ein Schüler sieht auf die Hand.

Auf der Hand stehen Zahlen.

Die Zahlen helfen bei der Aufgabe.

Das darf er nicht.

Das ist nicht erlaubt.

Ein Schüler holt einen Zettel aus der Tasche.

Auf dem Zettel stehen Zahlen.

Die Zahlen helfen bei der Aufgabe.

Das darf er nicht.

Das ist nicht erlaubt.

Der Lehrer sieht den Zettel.

Der Lehrer nimmt den Zettel weg.

Ein Schüler sieht auf ein Heft.

Es gehört einem anderen Schüler.

Der Schüler will die Antwort abschreiben.

Der andere Schüler hält die Hand davor.

Der Schüler lässt nicht abschreiben.

Die Schüler und Schülerinnen sollen sich helfen.

Aber nicht bei einer Klassen·arbeit.

Jeder soll allein rechnen.

Der Lehrer prüft das.

Der Lehrer hilft im Unterricht.

Alkoholismus

Der Alkoholismus ist die häufigste Suchterkrankung in Deutschland. Es soll im Überblick skizziert werden, welche Ursachen dies hat und welche Konsequenzen sich für den Einzelnen und für die Gesellschaft ergeben.

Alle bedeutsamen offiziellen Statistiken verdeutlichen, dass der Alkoholismus trotz zunehmenden Konsums anderer Drogen auch weiterhin die häufigste Suchterkrankung ist. Alkoholismus kann weitreichende Folgen sowohl für den betroffenen einzelnen Menschen als auch für die Gesellschaft haben. Es ist notwendig, dass den erkrankten Menschen geholfen wird und negative Auswirkungen für alle vermieden werden.

Angesichts der gravierenden negativen Auswirkungen ist es wichtig, den persönlichen Alkoholkonsum deutlich einzuschränken. Voraussetzung dafür ist insbesondere die Aufklärung über das Phänomen Alkohol vor allem für Jugendliche, denn die Einsicht in Ursachen und Folgen führt am besten zum kontrollierten Umgang oder Verzicht auf die Einnahme von Alkohol. Um dies zu erreichen, ist es notwendig, über die Ursachen für den Konsum und die unterschiedlichen Auswirkungen auf Betroffene und Gesellschaft informiert zu sein.

Alkoholismus ist eine Krankheit, die vor allem durch anhaltenden missbräuchlichen Genuss von Alkohol entsteht. Dauerhafter übermäßiger Konsum kann zur Abhängigkeit und damit zum krankhaften Verhalten führen, übermäßig Alkohol zu sich zu nehmen.

Es gibt vielfältige Motive, sich auf den Konsum von Alkohol einzulassen. Bei jungen Menschen geschieht dies häufig aus Neugier und Spaß, aus Nachahmung, weil andere es auch tun, um Anerkennung in einer Gruppe anderer zu erlangen und dazugehören zu wollen. Falsche Vorbilder können ebenfalls eine Rolle spielen. Bei Geselligkeiten in der Gruppe wird auf Festen manchmal das Trinken übertrieben. Weil die Hemmungen durch den Alkoholgenuss gesenkt werden und die Selbsteinschätzung beeinträchtigt ist, wird mehr getrunken, als vertragen wird. Häufig greifen Menschen auch zum Alkohol, weil sie glauben, dadurch besser mit ihrem Stress, ihren Sorgen und ihren Problemen klarzukommen oder diese vergessen zu können. In den meisten Fällen können nach einer Phase des Probierens und Erfahrens Formen angemessenen und verantwortungsvollen Umgangs mit alkoholischen Getränken entwickelt werden. Grundsätzlich besteht jedoch das Risiko, dass ein fortgesetzter übermäßiger Konsum über Jahre hinweg schleichend zu der Erkrankung, dem Alkoholismus, führt.

Die Folgen des Alkoholismus können viele Bereiche des erkrankten einzelnen Menschen betreffen und sich unterschiedlich auswirken. Beispiele aus einer Vielzahl von Beeinträchtigungen, die zu einer erheblichen Reduzierung der Lebensqualität führen können:

- Nachlassende Leistungsfähigkeit
- Vernachlässigung anderer Interessen
- Einschränkung der Urteilsfähigkeit
- Vielzahl gesundheitlicher Folgeprobleme
- Kontrollverlust
- Vermehrte Streitigkeiten mit Personen des engeren Umfelds
- Mögliche Geldschwierigkeiten
- Gefährdung ungeborenen Lebens (bei Alkoholmissbrauch von schwangeren Frauen)
- Schuld- und Schamgefühle
- Verstrickung in Lügen

Alkoholismus kann die Persönlichkeit eines Menschen zerstören, im schlimmsten Fall sein Leben kosten.

Freundschaften und Familien können in die Brüche gehen, der Einzelne kann in eine soziale Isolation geraten. Die Erfahrungen, die individuell und sozial gemacht werden, können wiederum zum verstärkten Alkoholkonsum führen, die Krankheit kann sich verschlimmern.

Folgewirkungen der Krankheit Alkoholismus ergeben sich nicht nur für den Einzelnen, sondern auch für die Gesellschaft, in der der Erkrankte lebt. Beispiele:

- Erhebliche gesellschaftliche Kosten im Bereich der Gesundheitsfürsorge bei alkoholbedingten Krankheiten
- Unfälle, die durch Alkoholeinfluss entstehen, verursachen jährlich Kosten in Milliardenhöhe.
- Unter dem Einfluss von Alkohol werden zahlreiche Straftaten begangen, die Einzelne und die Gemeinschaft schädigen.
- Kinder in alkoholbelasteten Familien leiden in besonderer Weise. Sie haben nachweislich schlechtere Lebenschancen.

Die einschränkenden Auswirkungen des Alkoholismus sind für den Einzelnen und für die Gesellschaft in der Summe erschreckend. Als Antworten auf diese Vielzahl belastender Folgeerscheinungen sind unterschiedliche Angebote von verschiedenen Einrichtungen geschaffen und eine Vielzahl von Hinweisen und Beratungsangebote für Betroffene, ihre Familien und weitere Personen, die mit alkoholkranken Menschen umgehen, bereitgestellt worden.

Vor allen Maßnahmen steht der Grundsatz, das Entstehen der Krankheit durch Aufklärung und Vorbeugung zu verhindern (Prävention). Dazu gehören Kenntnisse über Ursachen und Verlauf der Krankheit und Zeichen für eine beginnende Abhängigkeit vom Alkohol. Material stellt hierfür insbesondere die Bundeszentrale für gesundheitliche Aufklärung zur Verfügung.

Bei vorliegender Krankheit ist es von großer Bedeutung, dem Erkrankten alle benötigte Zuwendung und notwendige Unterstützung zu geben, damit er vor allem mit professioneller Begleitung vom Alkoholmissbrauch loskommt und mit seiner bleibenden Krankheit leben kann.

Der Umgang mit der Krankheit Alkoholismus erfordert viel Kraft und Geduld, weil es oft Rückschläge und Rückfälle gibt. Für alle Beteiligten ist anzustreben, dass sie Zuversicht und Gewissheit entwickeln können, den Zwängen der Krankheit und der damit verbundenen Sucht zu widerstehen.

Alkoholismus ist ein drängendes Problem für viele erkrankte Menschen und von beträchtlicher Bedeutung für die Gesellschaft. Das Thema darf nicht verdrängt werden, sondern muss offen und mit Respekt zwischen allen Beteiligten verhandelt und angegangen werden, um Schaden vom Einzelnen und der Gemeinschaft abzuwehren.

Alkoholismus

Alkohol ist in Bier.

Alkohol ist in Wein.

Alkohol ist in vielen Getränken.

Viele Menschen trinken zu viel Alkohol.

Manche Menschen sind neugierig auf Alkohol.

Manche Menschen wollen mit Alkohol ihre Sorgen vergessen.

Die Sorgen werden aber immer größer.

Manche Menschen müssen immer wieder Alkohol trinken.

Zu viel Alkohol ist gefährlich.

Schwangere Frauen dürfen gar keinen Alkohol trinken.

Das ist gefährlich für das Baby.

Das Baby kann sehr krank werden.

Manche Menschen sind alkohol·krank.

Manche Menschen sind süchtig.

Das ist schlimm für den süchtigen Menschen.

Und für die Familie.

Das ist auch schlimm für die ganze Gesellschaft.

Weil alle viel Geld an die Kranken·kasse bezahlen müssen.

Weil betrunkene Autofahrer und Autofahrerinnen oft heimlich fahren und dann einen schlimmen Unfall machen.

Weil Kinder von Alkoholikern oft Stress haben.

Alkohol·kranke Menschen haben viele Sorgen.

Alkohol·kranke Menschen haben oft wenig Freunde.

Alkohol·kranke Menschen haben oft wenig Geld.

Alkohol·kranke Menschen haben oft Streit.

Alkohol·kranke Menschen trinken immer mehr.

Alkohol·kranke Menschen brauchen Hilfe.

Alkohol·kranke Menschen brauchen Verständnis.

Wenig oder kein Alkohol trinken ist am besten.

Zwischenfall bei spontaner Aktion

Auf dem Neuen Markt ereignete sich gestern ein Schauspiel mit zwei ganz unterschiedlichen Auftritten. Verwundert rieben sich die Passanten die Augen, als von allen Seiten des großen Platzes lautlos Jugendliche erschienen. Alle trugen ein Kissen bei sich. Kleine und große Kissen waren zu sehen, bunte und weiße. Als alle Kissenträger in der Mitte des Platzes angekommen waren, ertönte ein lauter
5 Pfiff aus einer Trillerpfeife. Auf dieses Kommando stürzten sich blitzartig alle mit einem Kissen Bewaffneten aufeinander. Schon war die herrlichste Kissenschlacht im Gange. Die Beteiligten und die Zuschauer amüsierten sich, denn bei allem Eifer ging es bei diesem Flashmob friedlich zu. Das eine oder andere Kissen riss auf und tatsächlich flogen Federn durch die Luft.

Plötzlich kamen von der südlichen Seite des Platzes fünf, sechs maskierte junge Männer. Sie kamen
10 ohne Kissen, dafür versuchten sie, den anderen ihr Kissen wegzureißen. Das ging nicht ohne Reibereien ab. Aus Wortgefechten wurden Rempeleien, einige zettelten sogar eine Schlägerei an. Schließlich gingen einige der schaulustigen Erwachsenen auf die Streithähne zu, trennten sie und beendeten damit die aus den Fugen geratene Party. Die Bilanz des Spaßes: Zwei Paar blaue Augen, eine blutige Nase, ein paar Abschürfungen und der Verlust von einigen Kissen. Bei einem Flashmob soll es um
15 spontanen Spaß und gemeinsame Freude gehen, aber manchen scheint das bedauerlicherweise nicht zu passen.

Kissen·schlacht

Gestern auf dem Markt·platz.

Die Menschen staunen.

Von allen Seiten kommen junge Männer.

Von allen Seiten kommen junge Frauen.

Alle haben Kissen in den Händen.

Plötzlich.

Ein lauter Pfiff aus einer Pfeife.

Alle rennen los.

Alle schlagen mit den Kissen.

Das ist eine Kissen·schlacht.

Kissen platzen.

Federn fliegen.

Eine Kissen·schlacht bringt Spaß.

Alles ist friedlich.

Plötzlich kommen andere junge Männer.

Sie tragen Masken.

Sie wollen Kissen wegnehmen.

Es gibt Streit.

Die Männer mit den Masken schlagen.

Zwei Männer bluten.

Zwei Männer haben eine Wunde.

Die Zuschauer schimpfen.

Die Zuschauer helfen.

Es ist wieder ruhig.

Spaß ist besser als Streit.

Glück und Aussehen

Alle Menschen streben nach Glück. Doch was ist Glück? Zufrieden sein? Gesund sein? Frei sein? Viel Freizeit haben? Reich sein? Erfolgreich sein? Zuversicht statt Angst vor der Zukunft haben? Lieben oder geliebt werden?

Glück ist wohl von allem etwas oder die Summe von vielem. Aber da ist noch etwas, was oft und vor allem für junge Menschen Glücklichsein oder Unglücklichsein bestimmt: Ihr Aussehen. Ob sie schön oder nicht so schön sind. Genauer: Wie sich ein Mensch selbst sieht. Oder wie er glaubt, gesehen zu werden.

Doch was ist Schönheit? Menschen sind groß und klein, haben helle oder dunkle Haut, helle, dunkle, kurze, lange oder gar keine Haare, sind schlank oder nicht so schlank, … die Aufzählung lässt sich beliebig fortsetzen.

Das Problem: Junge Mädchen und auch Jungen sind oft unzufrieden mit ihrem Aussehen. Dabei wissen sie gar nicht, wie schön sie sind. Junge Menschen erleben, wie sich ihr Körper entwickelt, ständig verändert, ab und zu bemerken sie Veränderungen an der Haut oder dass ein Körperteil mal zu groß oder mal zu klein ist. Und gleichzeitig werden sie in den Medien pausenlos mit den Schönheitsidealen konfrontiert: reine Haut, keine lästigen Pickelchen, lange Beine, schlank und ohne Bauch, dafür mit ordentlich Muskelmasse und Sixpack, blendend weiße und strahlende Zähne, keine Haare auf dem Körper und noch viel mehr. Junge Mädchen sehen Bilder von gecasteten Frauen, die sich ihre Figuren erhungert haben oder durch Operationen verändern ließen. Diese Bilder bilden angeblich Schönheit ab. Und wer schön ist, ist glücklich, denn die Models und Stars sind von ebensolchen attraktiven Partnern umgeben, verfügen über schicke Kleidung, Autos, Geld, Häuser und noch mehr.

Die Schönheit, die uns aus den Medien entgegenkommt ist mehr als fragwürdig. Für Schönheit gibt es keine allgemeingültigen Regelungen. Das Schönheitsbild wird gemacht. Und es wird nur eine klitzekleine Zahl von Personen präsentiert. Schönheit führt nicht automatisch zu den Zeichen des Wohlstands und der macht auch nicht automatisch glücklich.

Die Menschen unterscheiden sich alle auch durch ihr Aussehen. Und wie schön jemand ist, liegt im Auge des Betrachters! So wie sich ein Mensch einem anderen gegenüber gibt und zeigt, wie er sich diesem Menschen zuwendet und öffnet, welche gemeinsamen Erfahrungen gemacht werden und welche Bedeutung dies für den Einzelnen und für die Beziehung hat, das bestimmt wesentlich auch die Frage danach, ob der Partner als schön empfunden wird. Schönheit ist also keineswegs das Aussehen einer Person allein, natürlich gibt es Unterschiede, Schönheit ist aber vor allem, wie man als ganze Person gesehen wird. Schönheit ist die Summe des Erscheinens und Auftretens.

Natürlich ist man gern ein gutaussehender Partner oder hat man gern einen attraktiven Partner, mit dem man sich zeigen mag und will. Man kann zu dieser Attraktion auch beitragen, indem man sich pflegt, gesund lebt, ernährt und bewegt, aber auch, indem man sich so akzeptiert, wie man ist, und vor allem, indem man anderen gegenüber mit Vertrauen und Zuwendung auftritt. Von anderen akzeptiert und angenommen werden, weil man so ist, wie man ist, also für „innere" Voraussetzungen Wertschätzung und Zuneigung erfährt, führt zu einer dauerhafteren Form von Schönheit und Glücklichsein als eine vergängliche „äußere" Schönheit.

Glücklichsein kommt nicht von Schönsein in einem engen Sinn. Zum Schönsein gehört mehr, als sich nur vor dem Spiegel aufzuhübschen. Schönheit ist ein Spiegel eines ganzen Menschen mit seiner Erscheinung und seinem Tun, er spiegelt das wider, was den Menschen und seine Persönlichkeit ausmacht. Und das ist die wesentliche Voraussetzung zum Glücklichsein.

Glücklichsein und Aussehen

Alle Menschen wollen glücklich sein.

Viele Menschen wollen schön sein.

Viele Menschen wollen gut aussehen.

Dann sind sie glücklich.

Manche Menschen finden sich nicht schön.

Dann sind sie unglücklich.

Junge Menschen finden sich oft nicht schön.

Junge Menschen finden oft ihre Haare nicht schön.

Junge Menschen finden oft ihre Haut nicht schön.

Alle Menschen sehen verschieden aus.

Es gibt große und kleine Menschen.

Es gibt Männer mit Bart.

Es gibt Männer ohne Bart.

Manche Menschen finden Männer mit Bart schön.

Manche Menschen finden Männer mit Bart nicht schön.

Manche finden etwas bei einem Menschen schön.

Das Gesicht, den Körper, die Hände.

Manche finden das Gesicht und den Körper nicht schön.

Manche finden etwas anderes schön.

Aussehen ist wichtig.

Wichtiger sind andere Sachen.

Zeit für einen anderen Menschen haben.

Sich mit einem anderen Menschen über etwas freuen.

Spaß mit einem anderen Menschen haben.

Sich viel erzählen.

Miteinander lachen oder weinen.

Sich verstehen.

Jemanden mögen.

Jemanden gern haben.

Jemanden lieben.

Freundschaft macht glücklich.

Liebe macht glücklich.

Liebe macht schön!

Passt das Heiraten in unsere Zeit?

Im Oktober 2017 trat in Deutschland die „Ehe für alle" gesetzlich in Kraft. Nun können auch gleichgeschlechtliche (homosexuelle) Paare (Lesben und Schwule) die Ehe vor dem Standesbeamten schließen und alle Rechte und Pflichten erhalten, die mit der Ehe verbunden sind. Die Ehe ist nicht mehr ausschließlich ein Bündnis von Frau und Mann.

Die gesetzlichen Veränderungen haben zu einer neuen Diskussion über die Ehe geführt. Tatsache ist, dass von den Paaren in Deutschland deutlich über 80 % verheiratet sind. Allerdings geht die Zahl der Eheschließungen seit Jahrzehnten zurück, mindestens jede dritte Ehe wird geschieden.

Viele Paare binden sich heute in einer Partnerschaft, die weniger verbindlich ist und leichter aufgelöst werden kann. Gleichwohl ist das Verlangen nach einer Partnerschaft sehr groß. Das belegen zahlreiche Internetportale, die die Vermittlung von Partnern anbieten.

Verschiedene Gründe haben dazu geführt, dass Heiraten anders als früher betrachtet wird und dass immer mehr Paare auf Standesamt oder kirchliche Trauung verzichten. Die größere Selbstständigkeit der Frauen auch im Berufsleben hat zu einer geringeren wirtschaftlichen Abhängigkeit von den Männern geführt. Frauen müssen sich nicht mehr an Männer binden, um sich abzusichern. Veränderte gesetzliche Regelungen haben Erschwernisse im Zusammenleben abgebaut („Kuppelparagraf"). In der Gesellschaft hat ein Einstellungswandel stattgefunden, traditionelle Formen verlieren an Attraktivität, andere Formen des Zusammenlebens werden akzeptiert.

Über die Form des dauerhaften Zusammenlebens von Paaren gibt es keine Vorschriften. Jedes Paar kann für sich selbst entscheiden, in welcher Form dies geschieht – mit oder ohne Trauschein.

Es gibt Gründe dafür, dass Heiraten durchaus zeitgemäß ist. Diese liegen im privaten, gesellschaftlichen und rechtlich-wirtschaftlichen Bereich. Paare können für sich herausfinden, welche Beweggründe für sie bedeutsam oder weniger wichtig sind. Auf dieser Grundlage können sie für sich entscheiden, ob sie heiraten oder ohne die Zeremonie der Trauung auskommen.

Die Ehe wird sicher in den meisten Fällen geschlossen, weil die Partner einander lieben. In unserer Kultur gibt es eine freie Partnerwahl, die eben meist auf Zuneigung und Liebe begründet ist. Diese Liebe und die Treue zueinander wollen die Menschen durch die Eheschließung einander und der Familie, Verwandtschaft und Öffentlichkeit zeigen, und die Bereitschaft, das Leben gemeinsam zu gestalten, soll demonstriert werden. Aus einer Liebesbeziehung wird durch amtliches Handeln eine öffentliche Beziehung. Diese Bestätigung soll den eingegangenen Bund in festlicher Form herausstellen und ein Zeichen für den Wunsch nach einer dauerhaften Beziehung setzen. Diese Beziehung wird bei der Trauung durch einen Standesbeamten und von Trauzeugen bezeugt. Die Partner tauschen Ringe und weisen sich damit in allen gesellschaftlichen Zusammenhängen als „Gebundene" aus (wenn sie den Ring tragen).

Mit der Trauung ist üblicherweise eine Hochzeitsfeier verbunden. In festlicher Form wird die Partnerschaft oft in aufwändiger Weise gefeiert. Der „schönste Tag im Leben" ist ein herausgehobenes Ereignis und gehört zu den wichtigsten Erfahrungen der Ehepartner. Für viele ist eine Hochzeit, vor allem eine kirchliche „ganz in Weiß", mit besonderen romantischen Vorstellungen und Empfindungen verknüpft. Einander in Liebe verbunden zu sein und dies sich und allen in prachtvoller Form zeigen zu können ist ein starkes Motiv zu heiraten. Hochzeit zu feiern bedeutet auch, neben den festlichen Aktivitäten und der besonderen Wertschätzung und Aufmerksamkeit Geschenke zu erhalten, und ist oft mit einer Hochzeitsreise in die „Flitterwochen" verbunden.

Die Ehe wird von vielen häufig als Voraussetzung für die Gründung einer Familie gesehen. Diese traditionelle Auffassung ist sicher stark ausgeprägt. Aus der Eheschließung ergeben sich auch klarere gesetzliche Regelungen in Fragen der Unterhaltssicherung und in Erbangelegenheiten.

Die Eheschließung vor einem Standesbeamten begründet neben familiären weitere Rechte, die vor allem auch wirtschaftliche, finanzielle Auswirkungen haben. Gegenüber dem Ehepartner gibt es ein Zeugnisverweigerungsrecht sowie mehr Rechte bei Erbschaftsangelegenheiten im Todesfall. Es gibt günstigere Regelungen bei der Besteuerung des Einkommens und verlässliche Regelungen bei möglichen Unterhaltspflichten gegenüber dem wirtschaftlich schwächeren Partner oder Unterhaltszahlungen für Kinder, falls die Lebensgemeinschaft geschieden wird.

Mit der Eheschließung verändern sich allerdings einige Dinge folgenreich: Über vorhandenes Vermögen ist gemeinsam zu entscheiden, für die Partner entstehen wechselseitige Verpflichtungen zur Haftung bei Käufen, man haftet für die Schulden des Partners, es können finanzielle Verpflichtungen den Schwiegereltern gegenüber entstehen. Diese eindeutigen Verpflichtungen können Partner nach Abwägung der Motive zur Eheschließung davon abhalten, die Ehe zu schließen.

Insgesamt gibt es eine Vielzahl von privaten und rechtlich-wirtschaftlichen Aspekten, die für eine Eheschließung sprechen.

Dennoch gibt es eben eine beträchtliche Zahl von Menschen, die zwar mit einem Partner zusammenleben, aber keinen Trauschein wollen. Was können die Gründe sein?

Manche Menschen mögen sich grundsätzlich nicht in ausdrücklicher Form binden, die klassische Ehe bedeutet ihnen nichts. Sie wünschen keine öffentliche Bekundung und Beurkundung, sie wollen nicht wegen einer unter Zeugen abgegebenen Erklärung ihr Leben gestalten, sondern allein für sich die Entscheidung tragen. Manche lehnen bewusst Traditionen ab und wollen nichts mit bisherigen Motiven für die Ehe zu tun haben. Sie können die Einbindung in die Familie und Verwandtschaft als Einengung erleben und wollen diesen gesellschaftlichen „Druck" vermeiden. Manche erhoffen sich, eine misslingende Partnerschaft leichter auflösen zu können. Gewiss gibt es auch genügend Paare, die die Kosten für eine Hochzeitsfeier nicht aufbringen können, jedoch nicht auf sie verzichten wollen.

Die Entscheidung für oder gegen das Heiraten liegt einzig und allein bei den Paaren, in Abhängigkeit auch von ihrer familiären und wirtschaftlichen Situation. Es muss nicht geheiratet werden (im Gegensatz zur früheren „Mussheirat", wenn ein „uneheliches Kind unterwegs war"). Die Lebensformen sind frei, wenn auch die Ehe unter dem gesetzlich vorgegebenen besonderen Schutz des Staates steht und rechtlich Vorteile für die Ehepartner bringt.

So gesehen ist die Entscheidung, ob das Heiraten zeitgemäß ist, einzig und allein Sache der Paare, die für sich herausfinden können, welche Bedeutung dieser formale Bund heute für ihr Leben haben kann.

C Leichte Sprache im Deutschunterricht: Lesetexte

Heiraten

Frauen und Männer leben gern zusammen.

Frauen können Männer heiraten.

Frauen können auch Frauen heiraten.

Männer können auch Männer heiraten.

Männer und Frauen feiern eine Hoch·zeit.

Eine Hoch·zeit ist eine schöne Feier.

Es gibt viele Geschenke.

Zwei Menschen leben zusammen.

Zwei Menschen schließen eine Ehe.

Zwei Menschen schließen frei·willig eine Ehe.

Das ist im Rat·haus.

Manche Ehe·paare heiraten auch in einer Kirche.

Manche Frauen träumen von einer weißen Hoch·zeit.

Manche Frauen tragen bei der Hoch·zeit ein weißes Kleid.

Es gibt viele Gründe für eine Ehe.

Die beiden Menschen in einer Ehe sind Partner.

Die beiden Partner lieben sich.

Die beiden Partner wollen allen Menschen ihr Zusammen·leben zeigen.

Die beiden Partner wollen alles teilen.

Die Partner wollen füreinander sorgen.

Das versprechen sie.

Damit müssen sie das tun.

Die Frau trägt einen Ring.

Der Mann trägt einen Ring.

Der Ring ist das Zeichen der Ehe.

Viele Ehe·paare wollen Kinder haben.

Viele Ehe·paare wollen eine Familie haben.

Eine Ehe kann auch geschieden werden.

Der Mann und die Frau trennen sich.

Der Mann und die Frau können einen anderen Partner heiraten.

Liebe

Ob meine Blicke er bemerkt
Wenn lang' ich ihn betrachte
Seine Augen suche
Oder seinen Mund?

5 Sie hat gelächelt,
Ich bin mir sicher.
Hat in die Augen mir geschaut
Ganz tief und lang.

Ob mein Zittern er entdeckt
10 Wenn ich in seiner Nähe bin?
Weiß nicht, wohin mit meinen Händen
Ob er das sieht und spürt?

Sie ist so aufgeregt
Wenn nah bei mir
15 Ihre zarten Hände
Sind stets bewegt.

Ob mein Herzklopfen mich verrät
Wenn ich ihn sanft berühre?
Was ich absichtlich tu'
20 Soll wie ein Zufall wirken.

Sie hat so süße rote Wangen,
Ihr Herz schlägt laut und schnell,
Möcht' gerne sie umarmen,
Ach, hätt' ich nur den Mut!

Herz·klopfen

Das Mädchen denkt:

Ich sehe den Jungen an.

Ich sehe die Augen an.

Ich sehe den Mund an.

Der Junge ist so süß.

Ob der Junge mich sieht?

Der Junge denkt:

Das Mädchen lächelt.

Das Mädchen sieht mich an.

Ganz bestimmt.

Das Mädchen sieht mich ganz lange an.

Das Mädchen ist süß.

Das Mädchen denkt:

Ich zittere.

Ob der Junge das merkt?

Wenn ich in der Nähe bin?

Ich bin aufgeregt.

Ob der Junge das merkt?

Der Junge denkt:

Das Mädchen ist so aufgeregt.

Wenn das Mädchen bei mir ist.

Das Mädchen hat schöne Hände.

Die Hände zittern.

Das Mädchen denkt:

Ob der Junge mein Herz·klopfen merkt?

Wenn ich den Jungen berühre.

Ich berühre den Jungen gern.

Ich bin vorsichtig.

Ich tue das heimlich.

Wie ein Zufall.

Der Junge denkt:

Das Mädchen hat ein süßes Gesicht.

Mein Herz schlägt laut und schnell.

Ich möchte das Mädchen umarmen.

Ob ich das darf?

Voll behindert?

„Du bist wohl voll behindert?" Diesen Spruch kann man heute auf dem Schulhof schon mal hören. Schon mal was dabei gedacht?

Wer so etwas sagt, meint in den meisten Fällen nichts Schlimmes, nehmen wir mal an. Beleidigungen und Kränkungen hat es schon immer gegeben, aus welchen Gründen auch immer. Verändert haben sich aber die Intensität der Schmähungen (z. B. „hate mail" oder „shit storm" im Internet) und die sprachlichen Bilder, die gebraucht werden. Früher verunglimpfte man so: „Der tickt nicht richtig." oder „Der hat ein Rad ab.". Eine Uhr, die falsch geht? Ein fahruntüchtiges Auto mit drei Rädern? Das hat mit einem Defekt zu tun. Und meint man einen Defekt, wenn man heute zu jemandem herabsetzend sagt, dass er behindert sei? Ist eine Behinderung so etwas wie ein Teil, das kaputt oder wertlos ist? Dieses Bild passt nicht. Wie soll sich ein Mensch fühlen, der eine Behinderung hat? Er ist mehr als seine Behinderung, unabhängig davon, um welche Beeinträchtigung oder welches Handicap es geht. Dieses Bild ist falsch. Menschen mit Behinderungen sind weder defekt noch weniger wert als andere. Es ist normal, verschieden zu sein.

Das Bild ist falsch, aber die Zuschreibung, dass jemand behindert ist, stimmt vielleicht doch! Dann nämlich, wenn man den Blick verschiebt: Nicht der Mensch ist behindert, sondern er wird behindert. Ein Rollstuhlfahrer kann behindert werden, weil der Aufzug zur U-Bahn defekt ist. Ein blinder Mensch kann den Fahrplan nicht lesen, weil dieser nicht in Blindenschrift vorliegt oder weil es keine Sprachausgabe gibt. Ein geistig behinderter Mensch, der wählen möchte, kann das sprachlich schwere Wahlprogramm nicht verstehen, es liegt nicht in Leichter Sprache vor.

Diese Beispiele können fast beliebig fortgesetzt werden. Immer geht es darum, dass Menschen mit Einschränkungen auf Barrieren wie Bordsteine, unverständliche Sprache oder Unverständnis für ihre Situation (es gibt auch Barrieren in den Köpfen!) stoßen, die sie an der Teilnahme am Leben in der Gesellschaft behindern. Für alle Betroffenen sollen alle Bereiche barrierefrei gestaltet werden.

Behindert

Manche Menschen sind behindert.

Manche werden von anderen Menschen behindert.

Das heißt: Sie leiden unter anderen Menschen.

Sie sind nicht gleich·berechtigt.

Oder sie haben Angst vor ihnen.

Ein Junge will ein Mädchen ärgern.

Der Junge fragt das Mädchen etwas.

Ob sie behindert ist.

Er will sie ärgern.

Das Mädchen ist traurig.

Das Mädchen ist behindert.

Das Mädchen weint.

Der Junge denkt nach.

Ärgern ist dumm.

Behinderte Menschen ärgern ist dumm.

Behinderte Menschen gehören zu uns.

Der Junge schämt sich.

Er ärgert das Mädchen nicht mehr.

D Einführung für Schüler

Was ist Leichte Sprache?

Leichte Sprache bezieht sich auf die Verständlichkeit der Aussprache und des Geschriebenen. Leichte Sprache ist ein Weg, den Menschen, die beim Gebrauch von üblicher Fach- und Bildungssprache bzgl. des Erfassens und des Verstehens von Texten eingeschränkt oder ausgeschlossen sind, Möglichkeiten des Verstehens und damit der Teilnahme und Teilhabe zu eröffnen. Dies bezieht sich vor allem auf Presse-, Gebrauchs- und Informationstexte.

Nach der Verabschiedung des Übereinkommens über die Rechte von Menschen mit Behinderungen der Vereinten Nationen (UN-Behindertenrechtskonvention, UN-BRK) im Jahre 2009 sind auf gesetzlicher Grundlage sprachliche Hindernisse zu Bildung und Teilhabe abzubauen. Die Bundesregierung hat 2002 im Behindertengleichstellungsgesetz festgehalten, welche Schritte zur vollen Teilhabe zu gehen sind, und in diesem Zusammenhang festgelegt, dass Internetauftritte von Behörden barrierefrei erreichbar sein müssen, demnach auch in Leichter Sprache zur Verfügung gestellt werden müssen. Die unter dem Titel „Barrierefreie-Informationstechnik-Verordnung (BITV 2.0)" zu findende Umsetzung legt viele auch für Schüler interessante und verständlich formulierte Einzelheiten fest.

Neben dem Konzept „Leichte Sprache" mit verbindlichen Regeln gibt es die Umsetzungsformen „Einfache Sprache" und „Verständliche Sprache", die im Alltagsgebrauch teilweise nicht unterschieden werden.

Bei der **Leichten Sprache** gibt es festgelegte Regeln.
In Leichter Sprache geschriebene Werkstücke können durch ein Gütesiegel geschützt werden. Das bekannteste ist das „Easy-to-read-Logo" der Organisation „Inclusion Europe". Das Bundesministerium für Arbeit und Soziales stellt auf seiner Homepage eine Anleitung zur Verfügung, die weiterreichende Prinzipien und Verfahrensweisen der Leichten Sprache aufführt. Zur Führung des Gütesiegels „Leichte Sprache" ist es notwendig, dass mindestens eine von geistiger Beeinträchtigung betroffene Person den Text gelesen, auf seine Verständlichkeit hin geprüft und vielleicht überarbeitet hat.

Ursprünglich diente die Leichte Sprache dazu, für Menschen mit geistiger Beeinträchtigung bzw. Behinderung Texte so zu verfassen, dass ihnen ein sinnentnehmendes Lesen möglich ist. Aufgrund ihrer vereinfachten Struktur bedient sie aber auch weitgehend die Belange weiterer Personenkreise, wie Menschen mit geringen Kenntnissen in der Bildungssprache.

Die wichtigsten Gestaltungskriterien der Leichten Sprache sind:

- Aussagen werden auf ihren Kerngehalt zurückgeführt.
- Zusätzliche Erklärungen können eingebaut werden.
- Längere Wörter werden z. B. durch Bindestrich oder den sogenannten Medio·punkt gegliedert.
- Bezeichnungen für Menschengruppen im Genderstil (Geschlecht) werden auf die männliche Form beschränkt oder es erfolgt eine Umstellung und die männliche Bezeichnung steht der weiblichen vor.
- Die Struktur des Textes ist von einfacher Satzstruktur in der Wirklichkeitsform (Indikativ) geprägt.
- Das Schriftbild ist möglichst klar.
- Bilder werden so eingesetzt, dass sie möglichst barrierefrei sind.

Die **Einfache Sprache** hingegen bedient sich anderer Prinzipien. Erstellt für Menschen mit geringen Kenntnissen in der deutschen Sprache und/oder geringer Lese- und Schreibkompetenz zum Beispiel aufgrund von starker Lese-Rechtschreibschwäche, organischen Beeinträchtigungen des Gehörs oder Deutsch als Zweitsprache finden die Rechtschreib- und Grammatikregeln volle Umsetzung.
Als wichtigstes Gestaltungskriterium gilt:

D Einführung für Schüler

Die Sachverhalte werden in kurzen Sätzen, mit geringem Einsatz von Fremdwörtern etc. dargestellt und können mit diversen Zusatzhilfen wie ansprechendem Bild, Foto, Text auf Bild etc. ergänzt werden, die eine Sinnentnahme erleichtern sollen.

Die **Verständliche Sprache** wiederum, als eine dritte, hier kurz zu erwähnende Form, bemüht sich lediglich um eine in verständlicher Alltagssprache geschriebene Version mit einem geringen Anteil an Fach- und Bildungssprache. Verständliche Sprache kann und wird von jedem „durchschnittlichen" Sprecher immer wieder produziert, wenn es die Situation erfordert.

Obwohl es bisher jenseits des Behindertengleichstellungsgesetzes und der genannten Barrierefreien-Informationstechnik-Verordnung keine Gesetzesgrundlage gibt, die einen Anspruch auf Vorlage von Informationen in Leichter Sprache formuliert, ist sie ebenso wie die Einfache Sprache, die aufgrund der zunehmenden Anzahl von Menschen mit funktionalem Analphabetismus mehr Umsetzung erfährt, auch jenseits behördlicher Anpassungen von zunehmender Bedeutung mit wachsender Akzeptanz. Außerbehördliche Einrichtungen, Vereine, Institutionen der Lehre und Forschung, Krankenhäuser und selbst Teile der Tourismus- und der Werbeindustrie greifen mittlerweile auf Leichte Sprache als adressatenbezogene Angebotsergänzung zurück.

Übersicht: Grundregeln für die Anwendung von Leichter Sprache

Die wichtigsten Gestaltungskriterien der Leichten Sprache	• Reduziere Aussagen auf ihren Kerngehalt. • Baue zusätzliche Erklärungen für schwere oder missverständliche Aussagen ein. • Reduziere Bezeichnungen für Menschengruppen im Genderstil (Geschlecht) oder stelle die Sätze um. Die maskuline (männliche) Bezeichnung steht der femininen (weiblichen) vor. • Strukturiere den Text einfach und schreibe im Indikativ. • Schreibe möglichst mit klarem Schriftbild. • Setze Illustrationen so ein, dass sie möglichst barrierefrei sind.
Wortebene	• Benutze einfache Wörter. • Benutze Wörter, die genau beschreiben. • Verwende bekannte Wörter (Verzicht auf Fremdwörter und Fachwörter). • Erkläre schwere Wörter. • Verwende immer die gleichen Wörter für die gleichen Dinge. • Benutze kurze Wörter. • Gliedere lange Wörter durch den Medio·punkt. • Verzichte auf Abkürzungen. • Benutze Verben. • Benutze Verben im Aktiv, nicht im Passiv. • Vermeide Redewendungen und bildliche Sprache. • Stelle der weiblichen Bezeichnung die männliche voran.
Satzebene	• Vermeide den Genitiv. • Vermeide den Konjunktiv. • Benutze positive Sprache. • Schreibe kurze Sätze. • Mache in jedem Satz nur eine Aussage. • Benutze einen einfachen Satzbau. • Am Anfang eines Satzes dürfen auch diese Wörter stehen: oder, aber, weil, wenn, und. • Sprich die Leser persönlich an. • Benutze für Erwachsene die Anrede „Sie". • Vermeide Fragen im Text. • Schreibe alles zusammen, was zusammengehört.

D Einführung für Schüler

Ebene der Zahlen und Zeichen	• Schreibe Zahlen so, wie die meisten Menschen sie kennen. • Vermeide alte Jahreszahlen. • Benutze Wörter, die einem alltäglichen, mündlichen Sprachgebrauch entsprechen – z. B. Wörter wie nachts, alt, an Weihnachten, morgen. • Schreibe ein Datum so: 5. Dezember 2018 oder so: 5.12.2018. • Schreibe eine Uhrzeit so: 14:20 Uhr. • Schreibe Telefonnummern mit Leerzeichen und Bindestrich: 05 11 – 89 08 84. • Vermeide Sonderzeichen, oder erkläre das Zeichen.
Hinweise zur Gestaltung und Schrift	• Benutze eine einfache Schrift ohne Serifen. • Benutze eine große Schrift. • Lass genug Abstand zwischen den Zeilen. • Schreibe immer linksbündig. • Beginne jeden neuen Satz in einer neuen Zeile. • Trenne keine Wörter am Ende einer Zeile. • Schreibe alle Wörter in eine Zeile, die vom Sinn her zusammengehören. • Mache viele Absätze und vergebe Überschriften. • Schreibe eine Adresse so wie auf einem Brief. • Hebe wichtige Dinge hervor. • Benutze dunkle Schrift. • Benutze dickeres, helles oder mattes Papier. • Benutze Bilder. • Benutze scharfe Bilder. • Benutze eindeutig verstehbare Bilder. • Benutze Bilder nicht als Hintergrund.

D Einführung für Schüler

Training I

1. Wortebene

- Benutze einfache Wörter.
- Benutze Wörter, die genau beschreiben.
- Verwende bekannte Wörter (Verzicht auf Fremdwörter und Fachwörter).
- Erkläre schwere Wörter.
- Verwende immer die gleichen Wörter für die gleichen Dinge.
- Benutze kurze Wörter.
- Gliedere lange Wörter durch den Medio·punkt.
- Verzichte auf Abkürzungen.
- Benutze Verben.
- Benutze Verben im Aktiv, nicht im Passiv.
- Vermeide Redewendungen und bildliche Sprache.
- Stelle der weiblichen Bezeichnung die männliche voran.

Übung: Suche zum vorgegebenen schweren Wort ein leichtes Wort bzw. zum leichten Wort ein schweres. Berücksichtige die genannten Kriterien der Wortebene.

schwer	leicht	schwer	leicht	schwer	leicht
Wohnzimmertisch	Tisch	Delikatesse	schmeckt gut	z. B.	zum Beispiel
Presseerzeugnis	Zeitung	Referee	Schieds·richter	Leserinnen und Leser	Leser und Leserinnen
erlitten	leidet	usw.		Courage	
Unwetter		Penne		Facility-manager	
	Turnhalle		heiß		weit weg
	Stift		schön schreiben	Fußmatte	
Leuchtmittel		Aal		Bibliothek	
popelig		Flasche			Note
	verletzen		kaputt		Tür·griff
PPT		Fraktur		homosexuell	

D Einführung für Schüler

Krakauer		speziell			genau
	Tasche		lesen		klingeln
	Holz·schuh	Mensa		Foyer	
	Ärger		Handy		Essen

2. Satzebene

- Vermeide den Genitiv.
- Vermeide den Konjunktiv.
- Benutze positive Sprache.
- Schreibe kurze Sätze.
- Mache in jedem Satz nur eine Aussage.
- Benutze einen einfachen Satzbau.
- Am Anfang eines Satzes dürfen auch diese Wörter stehen: oder, aber, weil, wenn, und.
- Sprich die Leser persönlich an.
- Benutze für Erwachsene die Anrede „Sie".
- Vermeide Fragen im Text.
- Schreibe alle Informationen zusammen, die inhaltlich zusammengehören.

Übung: Übertrage den schweren Text in Leichte Sprache und umgekehrt den leichten Text in schwere Sprache. Berücksichtige dabei die Kriterien der Satzebene.

schwer	*Das Verzehren zucker- oder alkoholhaltiger Getränke sowie von Speisen jeglicher Art ist im öffentlichen Nahverkehr der Region untersagt.*	*Aufgrund des herrlichen Wetters entschieden sie sich zu einem ausgedehnten Spaziergang.*
leicht	*In diesem Bus ist das Essen verboten. Aber Sie dürfen Wasser trinken.*	*Das Wetter war schön. Alle wollten lange spazieren gehen.*
schwer	Der Hochseilgarten gibt veränderte Öffnungszeiten für die bevorstehenden Herbstferien bekannt.	
leicht		

D Einführung für Schüler

schwer	
leicht	Ich kann das allein.
schwer	Der populäre YouTuber PewDiePie führt die Weltrangliste an.
leicht	
schwer	
leicht	Ich gucke Anna gern an. Und ich freue mich dann heimlich. Ich möchte sie küssen. Aber ich traue mich nicht mal mit ihr zu sprechen.

D Einführung für Schüler

3. Ebene der Zahlen und Zeichen

- Schreibe Zahlen so, wie die meisten Menschen sie kennen.
- Vermeide alte Jahreszahlen.
- Benutze Wörter, die einem alltäglichen, mündlichen Sprachgebrauch entsprechen – z. B. Wörter wie nachts, alt, an Weihnachten, morgen.
- Schreibe ein Datum so: 5. Dezember 2018 oder so: 5.12.2018.
- Schreibe eine Uhrzeit so: 14:20 Uhr.
- Schreibe Telefonnummern mit Leerzeichen und Bindestrich: 05 11 – 89 08 84.
- Vermeide Sonderzeichen. Oder erkläre das Zeichen.

Übung: Suche eine leichte Schreibweise für eine schwere und umgekehrt. Berücksichtige möglichst die Kriterien der Ebene der Zahlen und Zeichen.

schwer	leicht	schwer	leicht	schwer	leicht
30.03.12	30.3.2012	5011/10330	05 11 – 10 33 0	acht Uhr	8:00 Uhr
300 v. Chr.	vor sehr langer Zeit	zukünftig	ab sofort	am 31.12.	an Silvester
Mediopunkt	Der Medio·punkt ist ein Punkt im Wort. Der Punkt hilft beim Lesen.		heute		bald
	1.6.2019		Heiligabend		Zuckerfest
	01 74 – 38 94 76		jetzt	2003 im Januar	
+49 511 4466446		jährlich		Tel.: Berlin 3030830	
20.05.14		No. 4		Nr. 3	
	9.9.1972		vor Millionen Jahren		mittags
	früher, als es noch keine Menschen gab,		früher, als meine Mutter noch ein Kind war,		nie

D Einführung für Schüler

	immer wieder zur gleichen Zeit	unverzüglich		pronto	
anno domini		zur letzten Jahrtausendwende		in zwei Monden	
2018-06-01		hurtig			
	immer wieder zur gleichen Zeit	unverzüglich		pronto	

D Einführung für Schüler

Training II

1. Formulieren ohne zu verfälschen

- Du darfst einen Text beim Schreiben in Leichter Sprache verändern.
- Du kannst die Texte zusammenfassen. Wenn die Texte zum Beispiel in der Schule benutzt werden. Damit alle Schüler und Schülerinnen mitarbeiten können.
- Du kannst Texte durch Erklärungen länger machen. Das ist bei Informationen wichtig. Oder bei Gesetzen.
- Das Übertragen in die Leichte Sprache sollen Experten machen. Experten kennen sich besonders gut mit dem Thema aus, das sie beschreiben wollen. Ein Experte kennt wichtige Sätze. Und kann sie gut erklären. In der Schule sind die Lehrer und Lehrerinnen Experten für den Unterricht.
- Besondere Experten für Leichte Sprache können den Text kontrollieren.

Übung: Der fettgedruckte Text ist in schwerer Sprache verfasst. Entscheide dich für die inhaltlich passendste Übertragung in Leichte Sprache. Hake den Satz ab.

✓	**Die Fußballspielerinnen und Fußballspieler sollen sich rechtzeitig um 15:50 Uhr am Spielfeldrand einfinden.**
	Die Fußballspieler und Fußballspielerinnen sollen pünktlich kommen. Das Treffen ist am Spielfeldrand.
	Die Fußball·spieler und Fußball·spielerinnen treffen sich am Spiel·feld·rand. Alle sollen pünktlich kommen. Um 15:50 Uhr.
	Der Treff·punkt ist der Spiel·feld·rand. Alle sollen früh kommen.
✓	**Gemäß aktualisierter Regelungen ist das bisherige Vorgehen in der Ermittlung der Gewinner im Finale des TV Hits „Let's Dance" abzuändern.**
	Es gibt neue Regeln für die Auswahl der Gewinner bei „Let's Dance". „Let's Dance" ist ein Tanzwettbewerb im Fernsehen.
	„Let's Dance" darf nicht so weitermachen. Weil es neue Regelungen gibt.
	„Let's Dance" muss das Vorgehen ändern. Es gibt eine neue Bestimmung.
✓	**Die Verkehrsteilnehmer sind gehalten, den Anweisungen der Polizisten zu folgen.**
	Die Polizisten dürfen bestimmen.
	Die Menschen sollen tun, was die Polizisten und Polizistinnen wollen. Das gilt auch im Straßen·verkehr.

D Einführung für Schüler

	Die Schüler und Schülerinnen sollen auf die Polizisten und Polizistinnen hören.
✓	**Für die Weihnachtsfeiertage wünsche ich dir alles Gute und eine chillige Zeit!**
	Weihnachten soll schön werden.
	Ich wünsche dir: Frohe Weihnachten. Und chillige Tage. Das bedeutet: Du sollst Zeit und Ruhe haben.
	Ich wünsche dir alles Gute und Chillige zu Weihnachten.
✓	**In der nächsten Woche kommt der Schulzahnarzt und führt eine Reihenuntersuchung durch. Wenn eine Zahnbehandlung durchgeführt werden soll, erhalten die Schüler eine Mitteilung.**
	Nächste Woche ist der Zahn·arzt in der Schule. Alle Schüler und Schülerinnen werden untersucht. Die Schüler und Schülerinnen bekommen einen Zettel. Wenn sie zum Zahn·arzt sollen.
	Nächste Woche ist der Zahn·arzt da. Der Zahn·arzt sieht alle Zähne an. Es gibt einen Zettel. Wenn ein Schüler zum Zahn·arzt muss.
	Nächste Woche kommt der Schul·zahn·arzt. Der Zahn·arzt schaut alle Zähne an. Der Zahn·arzt schaut nur. Der Zahn·arzt behandelt nicht. Der Schul·zahn·arzt schreibt auf. Wenn ein Kind zum Zahn·arzt muss.
✓	**Im nächsten Jahr werde ich die ersehnte Taschengelderhöhung bekommen, wenn meine Eltern endlich von der Zahlung der überhöhten Mietkosten unserer jetzigen Wohnung befreit sind.**
	Im nächsten Jahr bekomme ich mehr Geld. Weil meine Eltern dann mehr haben.
	Ich bekomme im nächsten Jahr mehr Taschen·geld. Darauf warte ich schon sehr. Meine Eltern müssen nächstes Jahr nicht mehr so viel Geld für die Wohnung bezahlen. Dann haben sie mehr Geld für mich.
	Ich bekomme bald eine Taschen·geld·erhöhung. Meine Eltern sparen Miete und ich kann mehr bekommen.

D Einführung für Schüler

✓	**Wir haben einen Reporter der Zeitung eingeladen. Er hält einen Vortrag über die Situation in unserem Flüchtlingsheim.**
	Ein Mann von einer Zeitung kommt in die Schule. Der Mann erzählt etwas. Über ein Heim. In dem Heim wohnen Menschen aus Afrika. Die Menschen sind nach Deutschland gekommen. Das war gefährlich.
	Ein Reporter von der Zeitung kommt. Der Reporter hält einen Vortrag. Der Reporter spricht über ein Heim. In dem Heim wohnen Flüchtlinge. Die Flüchtlinge sind aus Afrika.
	Wir laden zu einem Vortrag ein. Ein Mann von der Zeitung erzählt etwas. Der Mann spricht über ein Heim. In dem Heim wohnen Menschen aus anderen Ländern.
✓	**Karls Großeltern haben ihm eine Bezuschussung des Besuchs eines Wrestlingspektakels versprochen, weil der Junge ein großer Fan von John Cena ist.**
	Karl wünscht sich von seinen Großeltern Geld für den Besuch einer Wrestling-arena. Er ist ein Fan von John Cena.
	Karl ist ein großer Fan von John Cena. Das ist ein Wrestling-Kämpfer. Karl möchte einmal bei einem spannenden Kampf zugucken. Der Eintritt in eine Wrestling-arena kostet viel Geld. Karls Oma und Opa können helfen. Sie geben ihm Geld dazu.
	Karls Großeltern wollen Karl helfen. Karl braucht viel Geld. Er möchte einen Wrestling-Kampf sehen.

D Einführung für Schüler

2. Schreibe selbstständig kleine Texte in Leichter und/oder schwerer Sprache.

Aufgabe: Denke dir einen Anlass aus, zu dem du einen Text in schwerer Sprache schreiben könntest oder solltest. Schreibe in dein Heft oder auf einen Block. Notiere bitte immer zuerst den Anlass, den du dir ausgesucht hast (Beispiele siehst du unten), und ob es Leichte oder schwere Sprache ist.

- Bewerbung für einen Ferienjob in einem feinen Restaurant
- Beschwerdebrief an eine Sportmarke, dass die Schuhe der neuen Kollektion alle sehr schmal/weit ausfallen
- Leserbrief an eine Fachzeitschrift, in der behauptet wurde, die Jugend von heute könne nicht mehr handwerklich arbeiten

Kapitel A – Training I

1. Wortebene

schwer	leicht	schwer	leicht	schwer	leicht
usw.	*und so weiter*	Courage	*Mut*	Unwetter	Gewitter
Penne	*Schule*	Facility-Manager	*Haus·meister*	*Fitness-Location*	*Turnhalle*
hochtemperiert	heiß	*distanziert*	weit weg	*Pelikano*	*Stift*
kalligrafieren	schön schreiben	Fußmatte	*Matte*	Leuchtmittel	*Lampe*
Aal	*Fisch*	Bibliothek	*Bücherei*	popelig	*einfach*
Flach·mann	*Flasche*	*Zensur*	Note	*versehren*	verletzen
zerstört	kaputt	*Türgriff*	*Tür·griff*	PPT	*Power·Point*
Fraktur	*Bruch*	homosexuell	*lesbisch, schwul*	Krakauer	*Wurst*
speziell	*besonders*	*exakt*	genau	*Shopper*	*Tasche*
Entziffern	*Lesen*	*schellen*	klingeln	*Pantoffel*	*Haus·schuh*
Mensa	*Ess·raum*	Foyer	*Halle*	*Zorn*	*Ärger*
Mobiltelefon	Handy	Foyer	Essen		
Mobiltelefon	Handy	*Nahrung*	Essen		

2. Satzebene

schwer	Das Sekretariat gibt veränderte Öffnungszeiten für die bevorstehenden Herbstferien bekannt.
leicht	*Das Sekretariat ist in den Ferien oft zu.*
schwer	*Eventuell bestehende Restsummen werden nach Beendigung der Klassenfahrt erstattet.*
leicht	Nach der Klassenfahrt ist das Geld alle. Oder es ist noch etwas Geld da. Dann gibt der Klassenlehrer oder die Klassenlehrerin allen etwas Geld zurück.

Lösungsbeispiele: Trainings Kapitel A und D

schwer	Wir verweisen in Anbetracht der zunehmend gefährlichen Parksituation auf die Straßenverkehrsordnung und auf die jeweils zu Schuljahresbeginn schriftlich aufgezeigten alternativen Haltemöglichkeiten.
leicht	*Oft halten viele Autos vor der Schule an. Das ist gefährlich. Bitte halten Sie sich an die Verkehrs·regeln. Es gibt gute Parkplätze. Bitte sprechen Sie uns an.*
schwer	*Das neue Schuljahr startet zur regulären Uhrzeit. Im Krankheitsfall ist das Fernbleiben Ihres Kindes telefonisch im Sekretariat anzuzeigen.*
leicht	Am ersten Schultag kommen alle um 8:00 Uhr. Wer krank ist, muss zu Hause bleiben. Bitte rufen Sie dann so früh wie möglich in der Schule an.

3. Ebene der Zahlen und Zeichen

schwer	leicht	schwer	leicht	schwer	leicht
aktuelles Datum	heute	*in Kürze*	*bald*	01.06.19	1.6.2019
24.12.	Heiligabend	Fastenbrechen	Zuckerfest	0174/389476	01 74 – 38 94 76
aktuell	jetzt	2003 im Januar	*im Januar 2003*	+49 511 4466446	05 11 – 44 66 44 6
jährlich	jedes Jahr	Tel.: Berlin 3030830	*0 30 – 30 30 83 0*	20.05.14	2.5.2014
09.09.1972	9.9.1972	*vor Anbeginn der Zeit*	*vor Millionen Jahren*	*in der Mittagszeit*	mittags
nach dem Urknall	früher, als es noch keine Menschen gab,	*vor ungefähr 50 Jahren*	früher, als meine Mutter noch ein Kind war,	niemals	nie
regelmäßig	immer wieder zur gleichen Zeit	unverzüglich	*sofort*	pronto	schnell
anno domini	nach Jesus Geburt	zur letzten Jahrtausend- wende	*im Jahr 2000*	in zwei Monden	*in zwei Monaten*
2018-06-01	1.6.2018	zügig	*schnell*		

Kapitel A – Training II

Formulieren ohne zu verfälschen

✓	**Die Schülerschaft hat sich rechtzeitig auf dem Opernplatz einzufinden.**
	Die Schüler und Schülerinnen sollen pünktlich kommen. Das Treffen ist an der Oper.
✓	Die Schüler und Schülerinnen treffen sich auf dem Opern·platz. Die Schüler und Schülerinnen sollen pünktlich kommen.
	Der Treff·punkt ist der Opern·platz. Alle sollen früh kommen.
✓	**Gemäß aktualisierter untergesetzlicher Regelungen ist das bisherige Vorgehen in unserer Schule abzuändern.**
✓	Es gibt neue Regeln für die Schulen. Unsere Schule muss das jetzt anders machen.
	Die Schule darf das nicht mehr so weitermachen. Weil es neue untergesetzliche Regelungen gibt.
	Die Schule muss ihr Vorgehen ändern. Es gibt eine neue Bestimmung.
✓	**Die Kinder sind gehalten, den Anweisungen der Lehrkräfte zu folgen.**
	Die Lehrer dürfen bestimmen.
	Die Schüler und Schülerinnen sollen tun, was die Lehrer und Lehrerinnen wollen.
✓	Die Schüler und Schülerinnen sollen auf die Lehrer und Lehrerinnen hören.
✓	**Für die Weihnachtsfeiertage wünschen wir Ihnen alles Gute und eine besinnliche Zeit!**
	Weihnachten soll schön werden.
✓	Wir wünschen Ihnen: Frohe Weihnachten. Und besinnliche Tage. Das bedeutet: Sie sollen Zeit und Ruhe haben. Sie sollen nachdenken und sich freuen können.
	Wir wünschen Ihnen alles Gute und Besinnlichkeit zu Weihnachten.

Lösungsbeispiele: Trainings Kapitel A und D

✓	**In der nächsten Woche kommt der Schulzahnarzt und führt eine Reihenuntersuchung durch. Wenn eine Zahnbehandlung durchgeführt werden soll, erhalten die Schülerinnen und Schüler eine Mitteilung.**
	Nächste Woche ist der Zahn·arzt in der Schule. Alle Schüler und Schülerinnen werden untersucht. Die Schüler und Schülerinnen bekommen einen Zettel. Wenn sie zum Zahn·arzt sollen.
	Nächste Woche ist der Zahn·arzt da. Der Zahn·arzt sieht alle Zähne an. Es gibt einen Zettel. Wenn ein Schüler zum Zahn·arzt muss.
✓	Nächste Woche kommt der Schul·zahn·arzt. Der Zahnarzt schaut alle Zähne an. Der Zahnarzt schaut nur. Der Zahnarzt behandelt nicht. Der Schul·zahn·arzt schreibt auf. Wenn ein Kind zum Zahn·arzt muss.
✓	**Im nächsten Schuljahr werden zwei Förderschullehrkräfte an unserer Schule tätig sein und uns bei der Inklusion unterstützen.**
✓	Im nächsten Schuljahr kommen 2 neue Lehrer an die Schule. Die 2 neuen Lehrer sind Förder·schul·lehrer. Die 2 Lehrer helfen uns. Die 2 Lehrer helfen den anderen Lehrern. Die 2 Lehrer helfen einzelnen Schülern.
	Im neuen Schul·jahr kommen 2 Förder·schul·lehrer an die Schule. Die Förder·schul·lehrer helfen uns.
	2 Förder·schul·lehrer helfen den Lehrern. 2 Förder·schul·lehrer helfen den Schülern. Damit alle gut lernen können. Im neuen Schul·jahr.

Lösungsbeispiele: Trainings Kapitel A und D

✓	**Wir haben einen Reporter der Zeitung eingeladen. Er hält einen Vortrag über die Situation in unserem Flüchtlingsheim.**
	Ein Mann von einer Zeitung kommt in die Schule. Der Mann erzählt etwas. Über ein Heim. In dem Heim wohnen Menschen aus Afrika. Die Menschen sind nach Deutschland gekommen. Das war gefährlich.
	Ein Reporter von der Zeitung kommt. Der Reporter hält einen Vortrag. Der Reporter spricht über ein Heim. In dem Heim wohnen Flüchtlinge. Die Flüchtlinge sind aus Afrika.
✓	Wir laden zu einem Vortrag ein. Ein Mann von der Zeitung erzählt etwas. Der Mann spricht über ein Heim. In dem Heim wohnen Menschen aus anderen Ländern.
✓	**Der Förderverein gewährt auf Antrag Zuschüsse zur Klassenfahrt.**
✓	Eine Klassen·fahrt kostet viel Geld. Der Förder·verein kann helfen. Der Förder·verein kann einen Zuschuss geben.
	Der Förder·verein unterstützt Schüler und Schülerinnen. Der Förder·verein gibt Geld für die Klassen·fahrt. Man muss einen Antrag stellen.
	Der Förder·verein unterstützt Schüler und Schülerinnen. Zum Beispiel bei einer Klassen·fahrt. Der Förder·verein kann Geld dazugeben. Fragen Sie den Förder·verein.

Lösungsbeispiele: Trainings Kapitel A und D

Kapitel D

Training I

1. Wortebene

schwer	leicht	schwer	leicht	schwer	leicht
usw.	und so weiter	Courage	Mut	Unwetter	Gewitter
Penne	Schule	Facility-manager	Haus·meister	Fitness-Location	Turnhalle
hochtemperiert	heiß	distanziert	weit weg	Pelikano	Stift
kalligrafieren	schön schreiben	Fußmatte	Matte	Leuchtmittel	Lampe
Aal	Fisch	Bibliothek	Bücherei	popelig	einfach
Flach·mann	Flasche	Zensur	Note	versehren	verletzen
zerstört	kaputt	Türgriff	Tür·griff	PPT	Power·Point
Fraktur	Bruch	homosexuell	lesbisch, schwul	Krakauer	Wurst
speziell	besonders	exakt	genau	Shopper	Tasche
entziffern	lesen	schellen	klingeln	Pantoffel	Holz·schuh
Mensa	Ess·raum	Foyer	Halle	Zorn	Ärger
Mobiltelefon	Handy	Nahrung	Essen		

2. Satzebene

schwer	Der Hochseilgarten gibt veränderte Öffnungszeiten für die bevorstehenden Herbstferien bekannt.
leicht	Der Hoch·seil·garten hat zu neuen Uhr·zeiten auf.
schwer	Ich bin fähig, das selbstständig zu erledigen.
leicht	Ich kann das allein.

Lösungsbeispiele: Trainings Kapitel A und D

schwer	Der populäre YouTuber PewDiePie führt die Weltrangliste an.
leicht	*Der You·Tuber Pew·Die·Pie ist berühmt.* *Er ist der erste auf der Welt·rang·liste.* *Das heißt: Viele Menschen finden ihn gut.*
schwer	*Ich begehre Anna in aller Heimlichkeit und sehne mich nach einem Kuss.*
leicht	Ich gucke Anna gern an. Und ich freue mich dann heimlich. Ich möchte sie küssen. Aber ich traue mich nicht mal mit ihr zu sprechen.

3. Ebene der Zahlen und Zeichen

schwer	leicht	schwer	leicht	schwer	leicht
aktuelles Datum	heute	*in Kürze*	bald	01.06.19	1.6.2019
24.12.	Heiligabend	Fastenbrechen	Zuckerfest	0174/389476	01 74 – 38 94 76
aktuell	jetzt	2003 im Januar	*im Januar 2003*	+49 511 4466446	*05 11 – 44 66 44 6*
jährlich	*jedes Jahr*	Tel.: Berlin 3030830	*0 30 – 30 30 83 0*	20.05.14	*2.5.2014*
No. 4	Nummer 4	Nr. 3	*Nummer 3*	09.09.1972	9.9.1972
vor Anbeginn der Zeit	vor Millionen Jahren	*in der Mittagszeit*	mittags	nach dem Urknall	früher, als es noch keine Menschen gab,
vor ungefähr 50 Jahren	früher, als meine Mutter noch ein Kind war,	*niemals*	nie	*regelmäßig*	immer wieder zur gleichen Zeit
unverzüglich	sofort	pronto	*schnell*	anno domini	nach Jesus Geburt
zur letzten Jahrtausendwende	*im Jahr 2000*	in zwei Monden	*in zwei Monaten*	2018-06-01	*1.6.2018*
zügig	*schnell*				

Lösungsbeispiele: Trainings Kapitel A und D

Training II

Formulieren ohne zu verfälschen

✓	**Die Fußballspielerinnen und Fußballspieler sollen sich rechtzeitig um 15:50 Uhr am Spielfeldrand einfinden.**
	Die Fußballspieler und Fußballspielerinnen sollen pünktlich kommen. Das Treffen ist am Spielfeldrand.
✓	Die Fußball·spieler und Fußball·spielerinnen treffen sich am Spiel·feld·rand. Alle sollen pünktlich kommen. Um 15:50 Uhr.
	Der Treff·punkt ist der Spiel·feld·rand. Alle sollen früh kommen.
✓	**Gemäß aktualisierter Regelungen ist das bisherige Vorgehen in der Ermittlung der Gewinner im Finale des TV-Hits „Let's Dance" abzuändern.**
✓	Es gibt neue Regeln für die Auswahl der Gewinner bei „Let's Dance". „Let's Dance" ist ein Tanzwettbewerb im Fernsehen.
	„Let's Dance" darf nicht so weitermachen. Weil es neue Regelungen gibt.
	„Let's Dance" muss das Vorgehen ändern. Es gibt eine neue Bestimmung.
✓	**Die Verkehrsteilnehmer sind gehalten, den Anweisungen der Polizisten zu folgen.**
	Die Polizisten dürfen bestimmen.
	Die Menschen sollen tun, was die Polizisten und Polizistinnen wollen. Das gilt auch im Straßen·verkehr.
✓	Die Schüler und Schülerinnen sollen auf die Polizisten und Polizistinnen hören.
✓	**Für die Weihnachtsfeiertage wünsche ich dir alles Gute und eine chillige Zeit!**
	Weihnachten soll schön werden.
✓	Ich wünsche dir: Frohe Weihnachten. Und chillige Tage. Das bedeutet: Du sollst Zeit und Ruhe haben.
	Ich wünsche dir alles Gute und Chillige zu Weihnachten.

Lösungsbeispiele: Trainings Kapitel A und D

✓	**In der nächsten Woche kommt der Schulzahnarzt und führt eine Reihenuntersuchung durch. Wenn eine Zahnbehandlung durchgeführt werden soll, erhalten die Schüler eine Mitteilung.**
	Nächste Woche ist der Zahn·arzt in der Schule. Alle Schüler und Schülerinnen werden untersucht. Die Schüler und Schülerinnen bekommen einen Zettel. Wenn sie zum Zahn·arzt sollen.
	Nächste Woche ist der Zahn·arzt da. Der Zahn·arzt sieht alle Zähne an. Es gibt einen Zettel. Wenn ein Schüler zum Zahn·arzt muss.
✓	Nächste Woche kommt der Schul·zahn·arzt. Der Zahn·arzt schaut alle Zähne an. Der Zahn·arzt schaut nur. Der Zahn·arzt behandelt nicht. Der Schul·zahn·arzt schreibt auf. Wenn ein Kind zum Zahn·arzt muss.
✓	**Im nächsten Jahr werde ich die ersehnte Taschengelderhöhung bekommen, wenn meine Eltern endlich von der Zahlung der überhöhten Mietkosten unserer jetzigen Wohnung befreit sind.**
	Im nächsten Jahr bekomme ich mehr Geld. Weil meine Eltern dann mehr haben.
✓	Ich bekomme im nächsten Jahr mehr Taschen·geld. Darauf warte ich schon sehr. Meine Eltern müssen nächstes Jahr nicht mehr so viel Geld für die Wohnung bezahlen. Dann haben sie mehr Geld für mich.
	Ich bekomme bald eine Taschen·geld·erhöhung. Meine Eltern sparen Miete und ich kann mehr bekommen.
✓	**Wir haben einen Reporter der Zeitung eingeladen. Er hält einen Vortrag über die Situation in unserem Flüchtlingsheim.**
	Ein Mann von einer Zeitung kommt in die Schule. Der Mann erzählt etwas. Über ein Heim. In dem Heim wohnen Menschen aus Afrika. Die Menschen sind nach Deutschland gekommen. Das war gefährlich.

Lösungsbeispiele: Trainings Kapitel A und D

	Ein Reporter von der Zeitung kommt. Der Reporter hält einen Vortrag. Der Reporter spricht über ein Heim. In dem Heim wohnen Flüchtlinge. Die Flüchtlinge sind aus Afrika.
✓	Wir laden zu einem Vortrag ein. Ein Mann von der Zeitung erzählt etwas. Der Mann spricht über ein Heim. In dem Heim wohnen Menschen aus anderen Ländern.
✓	**Karls Großeltern haben ihm eine Bezuschussung des Besuchs eines Wrestlingspektakels versprochen, weil der Junge ein großer Fan von John Cena ist.**
	Karl wünscht sich von seinen Großeltern Geld für den Besuch einer Wrestling-arena. Er ist ein Fan von John Cena.
✓	Karl ist ein großer Fan von John Cena. Das ist ein Wrestling-Kämpfer. Karl möchte einmal bei einem spannenden Kampf zugucken. Der Eintritt in eine Wrestling-arena kostet viel Geld. Karls Oma und Opa können helfen. Sie geben ihm Geld dazu.
	Karls Großeltern wollen Karl helfen. Karl braucht viel Geld. Er möchte einen Wrestling-Kampf sehen.

Literaturverzeichnis

Aichele, Valentin (2014): Leichte Sprache – Ein Schlüssel zur „Enthinderung. In: Bundeszentrale für politische Bildung (Hrsg.): Aus Politik und Zeitgeschichte. 64. Jg., Heft 9–11/2014; S. 19–25

Bergelt, Daniel et al. (2014): LeiSA – eine Evaluationsstudie zur Wirksamkeit der Leichten Sprache im Arbeitsleben. In: Bundesvereinigung Lebenshilfe (Hrsg.): Teilhabe. Band 53, Heft 4/2014; S. 184–186

BMAS (Bundesministerium für Arbeit und Soziales): Leichte Sprache. Ein Ratgeber. https://www.bmas.de/DE/Service/Medien/Publikationen/a752-leichte-sprache-ratgeber.html

Bock, Bettina M.: „Leichte Sprache": Abgrenzung, Beschreibung und Problemstellungen aus Sicht der Linguistik. Im Internet abrufbar: http://bettinabock.de/wp-content/uploads/Bock-2014-Leichte-Sprache.pdf

Bock, Bettina M. / Fix, Ulla / Lange, Daisy (Hrsg.): „Leichte Sprache" im Spiegel theoretischer und angewandter Forschung. Berlin: Frank und Timme

Bettina M. Bock: „Leichte Sprache" – Kein Regelwerk. Sprachwissenschaftliche Ergebnisse und Praxisempfehlungen aus dem LeiSA-Projekt. Leipzig 201 (http://ul.qucosa.de/api/qucosa%3A31959/attachment/ATT-0/

Bredel, Ursula / Maaß, Christiane: Leichte Sprache. Theoretische Grundlagen, Orientierung für die Praxis. Dudenverlag, Berlin 2016

Duden (Hrsg.): Duden – leichte Sprache. Bibliographisches Institut GmbH, Dudenverlag, Berlin 2016

Europäische Vereinigung der ILSMH (Hrsg.): Sag es einfach! Europäische Richtlinien für die Erstellung von leicht lesbaren Informationen für Menschen mit geistiger Behinderung für Autoren, Herausgeber, Informationsdienste, Übersetzer und andere interessierte Personen. Europäische Vereinigung der ILSMH, Brüssel 1998. http://www.webforall.info/wp-content/uploads/2012/12/EURichtlinie_sag_es_einfach.pdf

Fix, Ulla (2017): „Schwere" Texte in „Leichter Sprache" – Voraussetzungen, Möglichkeiten und Grenzen (?) aus textlinguistischer Sicht. In: Bock, Bettina M./Fix, Ulla/Lange, Daisy (Hrsg.): „Leichte Sprache" im Spiegel theoretischer und angewandter Forschung. Berlin, S. 163–188

Inclusion Europe (Hrsg.): Informationen für alle. Europäische Regeln, wie man Informationen leicht lesbar und leicht verständlich macht. Inclusion Europe, Brüssel 2009. https://www.edi.admin.ch/dam/edi/de/dokumente/2012/09/informationen_fueralle-europaeischeregelnwiemaninformationenleic.pdf.download.pdf/informationen_fueralle-europaeischeregelnwiemaninformationenleic.pdf

Kellermann, Gudrun: Leichte und Einfache Sprache – Versuch einer Definition. In: Aus Politik und Zeitgeschichte 64 (2014) (9–11) 7–10

Maaß, Christiane: Leichte Sprache. Das Regelbuch. Münster: LIT 2015. https://www.uni-hildesheim.de/media/fb3/uebersetzungswissenschaft/Leichte_Sprache_Seite/Publikationen/Regelbuch_komplett.pdf

Mensch Zuerst – Netzwerk People First Deutschland (Hrsg.): Das neue Wörterbuch für leichte Sprache. Mensch Zuerst – Netzwerk People First Deutschland, Kassel 2008

Netzwerk Leichte Sprache. www.leichtesprache.org

Netzwerk Leichte Sprache für das BMAS: http://www.bmas.de/SharedDocs/Downloads/DE/PDF-Publikationen/

Schuppener, Saskia/Goldbach, Anne/Bock, Bettina M. (2018): Leichte Sprache – ein inklusionssensibles Konzept zur Förderung beruflicher Teilhabe? In: Feyerer, Ewald (Hrsg.): System – Wandel – Entwicklung. Akteurinnen und Akteure inklusiver Prozesse im Spannungsfeld von Institution, Profession und Person. Bad Heilbrunn, S. 361–367

Literaturverzeichnis

Seitz, Simone: Leichte Sprache? Keine einfache Sache. In: Aus Politik und Zeitgeschichte 64 (2014) (9–11), 3–6

Stefanowitsch, Anatol (2014): Leichte Sprache, komplexe Wirklichkeit. In: Bundeszentrale für politische Bildung (Hrsg.): Aus Politik